特別支援教育サポートBO

JN040048

発達障害の姿を読み解く

ワークショップ型

事例研究

「アセスメント」研修 のための課題20

室橋 春光 監修

山下 公司 編著

明治図書

はじめに　〜発達障害のある子どもとともに学ぼう！〜

　発達障害とは，発達期に生じる障害に関する総称で，その中に多種多様な状態が含まれている，いわば傘概念です。平均的なふるまいというありかたからの，大きなずれを有するところに共通点があるといえます。代表的なものとして，自閉スペクトラム症，注意欠如多動症，限局性学習症があげられますが，一人ひとりのありかたは，ずいぶん異なっています。そのように呼ばれる子どもたちに，人としての共通性はたくさんあるはずですが，発達障害と呼ばれるがゆえに，それが見えづらくなってしまうように思われます。

　ふるまいの平均的ありかたからのずれが大きくなると，障害名で見てしまいやすくなり，具体的な姿を考えてみることが難しくなって，その子に合った支援や援助の手だてを考えることを避けがちになります。認知バイアスという，いわば色眼鏡をかけてしまうわけです。その色を薄めるためには，その子に関して他の人の見方も知ることが重要です。それから，今ご覧いただいている，このような書物を参考にして考えてみることも有効だと思います。

　大事なことは，その子と語り合うことです（しゃべり合うこととは限りません）。子どもと大人は，立ち位置が違います。大人も，昔は子どもの時期を経てきたのですから，子どものことは理解できそうなものですが，大人，特に教師という立場にたつと，子どもの目線でものごとをみることは難しくなると言ってよいでしょう。

　その子をじっくりみていくと，なんらかの気づきが生じ，ヒントを探していくと，支援・援助の手がかりがつかめるものです。その子を一緒にみている人と，その子についてともに語り合い，考えていきましょう。

　本書では，WISCという知能検査を利用して認知的特性を検討し，その分析を参考にしながら，その子の支援・援助の方法を考えていきます。ですから，WISCをまだよくご存じない方には申し訳ありませんが，まずはWISCの講習会などに参加して，基本を学んでいただければ幸いです。WISCの内

容について一応理解しているが，指導にどう生かしていけばよいのか……と思っている方にお読みいただければ幸いです。

　もちろん WISC はたくさんある中の検査の一つですから，これによって子どものすべてを知ることはできません。しかし，子どもを知るヒントを得ることはできると思います。認知特性上，得意なことも苦手なことも，それらがその子の日常のふるまいの中にどのように表れてきているのか，よく観察してください。そして，その子のいわばバーチャルな姿を皆さんの頭の中に描き出してみてください。具体的なイメージが表れてこなければ，アセスメント結果を見直し，その子を観察し直してみてください。その子が語る内容も，貴重なヒントです。日常会話の中で，その子の言葉で語り合ってみてください。

　本書は，児童・青年期の子どもに関わっておられる方々を想定して書かれています。各セクションとも，最初に仮想的事例が提示され，主訴と実態把握の内容が具体的に示されています。次に，アセスメント結果とそれに基づく解釈と指導仮説が展開されていますが，まずは結果を見てご自分の考えをまとめてから，続きをご覧ください。それが力をつけていくことにつながります。最後に，「個別の指導計画」と「合理的配慮の検討」がワークシートのかたちで提供され，教材例も示されていますので，ご参考になれば幸いです。

　私たちは，WISC をベースとしたこのような研修を毎年，夏期休暇の4日間を利用して行ってきました。WISC の経験年数などに応じて数人のグループをつくり，一緒に議論しながら学び合ってきました。この本をご覧くださった方々が，ご自分の学校で，地域で，このような研修を計画され，ともに学びながら，子どもをみる力を深めていかれることを願っております。

監修者　室橋　春光

CONTENTS

第1章
アセスメントに基づく**サポート計画づくり**

第2章
発達障害のある子どもを読み解く**事例研究課題20**

小学校

中学校

◆ ◆ ◆ ◆ ◆ ◆ ◆ ◆ ◆ ◆ ◆ ◆ ◆ ◆ ◆ ◆ ◆ ◆ ◆ ◆

💎 **購入者特典：ダウンロード資料について**

本文中の事例で用いているワークシートで，
右のマークがあるものについては，購入者特
典としてその雛形ファイルをダウンロードす
ることができます。

（詳細は，p.156 **「購入者特典について」** をご覧ください。）

◆ ◆ ◆ ◆ ◆ ◆ ◆ ◆ ◆ ◆ ◆ ◆ ◆ ◆ ◆ ◆ ◆ ◆ ◆ ◆

第1章

◈◈

アセスメントに基づく
サポート計画
づくり

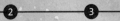

実態把握をしよう

子どもの支援にあたる際には，まず実態把握を行う必要があります。子どもの実態の全体像を把握し，子どもの課題を見つけていきます。そのために，様々な観点から情報収集することが望まれます。

　保護者や在籍学級担任の先生から現状を聞いて，子どもの実態を把握する必要があります。また，子ども自身にも自分がどうなりたいかを聞いて，子どもの願いを把握しておくことが重要です。また，実際に子どもがどのように過ごしているかを観察したり，子どもが手がけた作品やノート，テスト，ワークなども参考にしたりするとよいでしょう。

❖ 保護者からの聴き取り

　現在の子どもの様子とともに，家族の状況や生まれてから今までのエピソードなどの生育歴，相談機関や医療機関で相談などしている場合には，相談歴，幼稚園や保育園での様子，就学してからの様子などの教育歴，家庭での様子は保護者にしかわかりません。保護者は，ともに子どもを支援する仲間であるという観点に立って，情報収集していきましょう。

　しかし，保護者は（その子どもにとっては専門家ですが）支援の専門家ではありません。情報収集をしようとして，

あなた「初語は何歳でしたか？」

　　　　「２語文はいくつの頃でしたか？」

　　　　「定頸は何か月でしたか？」

などと聞かれても，答えにくいかもしれません。保護者から情報収集する際には，保護者がわかる平易な言葉で聞くとよいでしょう。

あなた「はじめて意味のある言葉を話したのはいつくらいでしたか？」

　　　　「『まま，ぶーぶ。』など二つの単語で話し，『お母さん，車だね。』と伝えてきたのはいつくらいでしたか？」

あなた「首がすわった（場合によっては，『うつぶせに寝かせて，首をグッと上げることができるようになった』など詳細に伝える）のは何か月ですか？」

など，答えやすい質問を心がけましょう。

◆ 在籍学級担任からの聴き取り

　在籍学級担任の先生から聞き取る場合，場面を限定することも重要です。

あなた「落ち着きがないとのことですが，立ち歩きはありますか？」

担　任「あります。」

という答えが返ってくるかもしれません。しかし，場合によっては常に立ち歩きがあるわけではないかもしれないのに，このような聞き方だけでは実態がぼやけてしまいます。そこで，さらに，

あなた「立ち歩きはどの場面でもありますか？」
　　　「教科によって違いはありますか？」

と聞くと，

担　任「国語の漢字練習の場面で立ち歩きます。」

と返答があるかもしれません。そうなると，"立ち歩きがある"という実態も少し様子が変わってきますね。

　子どもに対して多く困りを感じている場合には，"いつもこう！"と思ってしまうことがあります。しかし，実際にはそんなことは少ないかもしれません。子どもと関わる時間が長いと，どうしても気になっていることに目が行ってしまい，"いつも"と思ってしまいます。そこで，「例外探し」として，そうではない場面を探っていくことも重要です。

あなた「落ち着きがなく，ひとときもじっとしていないとのことでしたが，じっと集中している場面はありませんか？　例えば，大好きな本を読んでいる時などもじっとしていませんか？」

担　任「そういえば，好きなことをしている時はじっとしていますね。」

あなた「好きな算数の授業でも落ち着きがありませんか？」

担　任「そういえば，計算問題を解いている時はすごく集中しています！
　　　　文章題になると，とたんに落ち着きがなくなりますね。」

　具体的に話を聞いていくことで，子どものより詳細な実態が見えてきます。

❖ 事実を捉える

　実態把握の際のもう一つのポイントは，事実を記述することです。保護者や在籍学級担任の先生が話をする時には，思い込みで聞いたことを理解してしまうことがあります。例えば，担任の先生から，「文章を読んでいる時に，文末の『～です。』を『～でした。』など勝手に変えて読みます。」と言われたこと〈事実〉を，「読むことが難しい。」と理解〈勝手な解釈〉してしまう。保護者から「工作が好きなようで，家でよく工作をしています。」と言われたこと〈事実〉を「工作が上手。」と理解〈勝手な解釈〉してしまう。このように実態把握の際に，事実を捉えることなく勝手に解釈してしまうと，子どもの実態が見えてきません。聞いたことをそのまま事実として記述することを意識するとよいでしょう。

　本人が手がけた作品やノートなども実態を把握するうえで，とても役立ちます。それらを基に，エラー分析をしたり，書き方の特徴を把握したりしていくとよいでしょう。

❖ 実態把握シートの活用

　聞き取りの際には自分が気になっていることばかりをどうしても聞いてしまいがちです。そこで，実態把握シート（特典資料　付録①）を基に聞き取りをしてもよいかもしれません。子どもの実態によっては，すべての項目が埋まるわけではないかもしれませんが，全体像を捉えるうえで必要な情報の聞き漏らしを防ぐことができます。

　次ページでは，「実態把握シート」に記述した例を示します。

記述例

実態把握シート

氏名：A　　　生年月日：20XX年○月△△日　　　○○小学校3年2組　　　担任：○○先生

主訴	本　人：漢字が書けるようになりたい。 保護者：学校に楽しく行ってほしい。 担　任：休まず学校に来てほしい。
家族構成 家族状況	父（会社員），母（パート），本人，弟（同校1年生） ・父：休日に一緒に公園に行って遊ぶことが多い。 ・母：学校に協力的で，本人のよさをよく見ている。
生育歴 教育歴 医療機関など	・2862g出生（満期通常分娩），定頸：0：4，始歩0：11。 ・初語1：2　　・2語文1：6　　・人見知り，後追い有。 ・幼稚園（3年保育）：母と離れることが難しかった。 ・○○クリニック：ADHD（コンサータ服薬）
言語 コミュニケーション	・話すことが好きで，よく話す。 ・感謝の言葉や人を気遣う言葉をよく話す。 ・全体での指示理解が難しく，個別の声かけが必要。 ・指示がわからない時に，「わからない」と伝える。
行動面 社会性 対人関係	・友達と体を動かして遊ぶことが好き。 ・友達とけんかした時に，気持ちの切り替えが難しい。 　（別室で落ち着いてから教室へ戻る。） ・友達が困っている時に，率先して声をかける。
運動・動作 作業的活動 身体 感覚	・体育は好き。　　・右利き。 ・縄跳びは苦手で，連続で前跳びができない。 ・消しゴムで消す時にうまく消せず，紙を破ることがある。 ・折り紙の端を合わせることが難しい。 ・定規がずれ，上手に線を引けない。 ・視力：両眼A　　・聴力：問題なし
諸検査結果	WISC-IV（20XX年○月△日　教育センターにて実施） 全検査IQ83（79-89）　VCI99（92-106）　PRI82（77-91） 　　　　　　　　　　WMI79（74-88）　PSI81（76-91）
学力 在籍学級での様子	・書くことに時間がかかり，嫌がる。 ・板書を写すことが難しい。 ・漢字練習では，何回か書いているうちに違う字を書いていることがある。 ・係活動や当番活動に，一生懸命取り組む。 ・音楽：リコーダー演奏ではうまく運指できない。
基本的生活習慣 放課後活動 その他	・整理整頓が苦手である。 ・ブロック遊びを好む。 ・サッカー（3／週）　　・家庭教師（1／週）
よさや得意な面	保護者：弟思い。発想が豊かで面白いものをつくる。決められたことに 　　　　一生懸命取り組む。 担　任：明るく元気。友達思い。率先して当番を行う。

アセスメントを解釈しよう

心理検査の結果や，担任・保護者から聞き取った情報（実態）から子どもの困りの背景を解釈していくことが重要です。心理検査については WISC-Ⅳを中心に解釈の手順をお知らせしていきたいと思います。

　心理検査を実施することはあまりないかもしれません。しかし，いずれかの機関で WISC-Ⅳを実施し，その結果を，保護者を通じてもらうことはあるかもしれません。また，連携の一環として医療機関や相談機関の心理士と連携し，検査結果について説明を受けるかもしれません。その際に，WISC-Ⅳで測定する能力を知っておくことは，子ども理解につながります。以下に，WISC-Ⅳの解釈についてステップを追っていきたいと思います。

❖ 全般的な知的水準の確認〈ステップ１〉

　全検査 IQ（FSIQ）において，全般的な知的水準が推定されます。同じ年齢の集団の中で，その子がどの水準にいるかどうか（個人間差）がわかります。検査時のコンディションやモチベーションなどから幅をもって捉えることが大切ですので，90％信頼区間（同じ条件の子どもで100回検査を実施したとしたら，90回はその幅に収まる範囲）を用いて記述されます。例えば，FSIQ113だった場合，90％信頼区間は107-118となります。それを解釈として記述すると，「全般的な知的水準は平均から平均の上」となります。

合成得点	記述分類	存在率
～69	非常に低い	2.2%
70～79	低い	6.7%
80～89	平均の下	16.1%
90～109	平均	50%
110～119	平均の上	16.1%
120～129	高い	6.7%
130～	非常に高い	2.2%

合成得点の記述分類

❖ 4指標の解釈〈ステップ2～5〉

全検査IQ（FSIQ）で全般的な知的発達の水準を確認したのち，四つの指標の水準について解釈していきます。四つの指標とは，言語理解指標（VCI），知覚推理指標（PRI），ワーキングメモリー指標（WMI），処理速度指標（PSI）です。それぞれがどの水準にあたるかを確認し，解釈します。

言語理解指標（VCI）には，文字通り"言葉（言語）"による理解や言葉で考える力が表れます。主に言語で課題が提示され，それに答えますので，言語を理解し，言語で表現する力が必要になります。また，それにはこれまで生活してきた中で得てきた言語の知識（いわゆる語彙）も必要になります。言語理解指標で測定される主な能力は以下の通りです。

○言語概念形成
○言語による推理力，思考力
○言語による習得知識

言語概念形成とは，言葉がもつ意味のつながりを理解できるかということです。例えば，「スイカ」「メロン」と聞いて，フルーツだと理解したり，デザートでよく出てくる，どちらも丸いと共通点を見つけたりする力です。

言語による推理力，思考力とは，文字通りですね。言葉を基に推理したり思考したりする力です。言語による習得知識も同様で，これまでの経験や学びの中で得た語彙力です。

言語理解指標が低い子どもに起こる問題の一例をあげると以下の通りです。

・そもそも会話が少なかったり，質問をすぐに理解できなくて答えるのに時間がかかったりする。
・たくさん話したとしても，物の名前がすぐに出てこない，適切な言葉で表現しない。「ドーンとなって」（ぶつかっての意）など擬音語が多い。
・作文が苦手である。
・言葉そのものが年齢に比して，（構音の問題ではなく）幼い。

知覚推理指標（PRI）には，視覚的に提示されたものを理解したり，そこから推理したりする力が表れます。大きく分けて，直感的な推理能力（流動性能力）と見たものを理解する力（視覚認知）があります。視覚認知の弱い子どもの場合，処理速度指標（PSI）との関連もみていく必要があります。知覚推理指標で測定される主な能力は以下の通りです。

　○非言語による推理力，思考力

　○空間認知

　○視覚－運動協応

　非言語による推理力，思考力とは，言葉によらず見たものから直感的にその関係性などを推理する力です。空間認知とは，見たものの細部に注意を払ったり，位置関係を理解したりする力です。視覚－運動協応は，いわゆる手先の器用さです。

　知覚推理指標が低い子どもに起こる問題の一例をあげると以下の通りです。

　・算数の応用問題が苦手である。数直線など補助ツールを使うと余計にわからなくなってしまう。

　・黒板を写す際にどこに注目すればよいかわからない。写せない。

　・図形の理解が弱く，描画やグラフ作成，読み取りが苦手。

　・どこを読んでいるかわからなくなる。

　・漢字を書くことが難しい（バランスの悪さ）。

　ワーキングメモリー指標（WMI）には，聞いたことを一時的に記憶したり，記憶したことを基に作業したりする（マルチタスク）力が表れます。ワーキングメモリー指標（WMI）で測定される主な能力は以下の通りです。

　○聴覚的ワーキングメモリー

　○注意・集中

　聴覚的ワーキングメモリーとは，聴いたことに対して一時的に記憶し，操作する力です。また，指示されたことも覚えておかなければなりませんので，マルチタスクで作業する必要があります。ここで言う注意・集中とは，聴いたことへ注意を向けたり，集中を持続したりする力を指します。

ワーキングメモリー指標が低い子どもに起こる問題の一例をあげると以下の通りです。

・会話の話題を途中で忘れてしまい，話が脱線しやすい。

・聞き返しが多い，聞き漏らしが多い。

・同時に複数の作業をすることが難しい。

・忘れ物やなくしものが多い。

・「メモを取ればいい。」と思うが，それすら忘れてしまう。

　処理速度指標（PSI）には，主に鉛筆を使った作業のスピードが表れます。また，一定時間作業に集中して取り組む力や見たものを覚えておく力も必要になります。処理速度指標（PSI）で測定される主な能力は以下の通りです。

○視覚刺激を速く正確に処理する力

○注意，動機づけ

○視覚的短期記憶

○筆記技能

○視覚−運動協応

　視覚刺激を速く正確に処理する力は，見たものの作業を速やかに進める力で，要領のよさも求められます。注意，動機づけは，一定時間単純な繰り返し作業を集中して安定的に取り組む力です。視覚的短期記憶は，ワーキングメモリーとも関連しますが，見たものの形などを一時的に記憶しておく力です。筆記技能は，文字通り，鉛筆を上手に使う（枠にはめて書く，流ちょうに鉛筆を使うことができる）力です。視覚−運動協応は，特に手先の器用さを表します。

　処理速度指標が低い子どもに起こる問題の一例をあげると以下の通りです。

・作業が時間内に終わらない。

・ドリル学習などで集中が持続しない。

・文字を書く時に，正確に書くことが難しい。時間がかかる。

・板書を写すことが難しい。

・消しゴムや教具（コンパスや定規など）の使用が上手ではない。

❖ 指標間の差に関する解釈〈ステップ6〉

　上記の４指標について個人内で差があるかどうかを検討します。その際に，ある指標が他の指標に比べ，有意に高い（または低い）結果となった時に，個人の中での強み（または弱み）として解釈します。

　ご自身で検査結果を分析されない場合には，他機関からの報告書などに記載されている場合もあります。

　注意点としては，〈個人内〉の強み（または弱み）になりますので，全体の水準から見た時に決して秀でている（または劣っている）とはならないことがあります。

　例えば，「言語理解指標（VCI）が個人内で有意に高い結果であり，言語理解力が強いといえる」場合に，①言語理解指標の水準が平均域で，その他の指標が低いから平均の下の水準である時，決して同年齢集団では優れている（強い）とはいえません。そこで，ステップ２〜５で各指標の水準を確かめてきましたので，それを念頭に置きつつ，個人内での強み，弱みを解釈する必要があります。

❖〈ステップ7〉以降の解釈

　ステップ7以降では，下位検査の中で，強い力と弱い力を検討したり，下位検査同士を比較したりして解釈を行います。また，下位検査内での比較を行ったり，検査時の様子を検討したりして解釈を行います。しかし，ステップ7以降の解釈は，非常に難しく，高度な専門性が必要になります。また，過剰に解釈してしまう危険性もありますので，今回は割愛したいと思います。専門家の報告書などで触れられていることもありますので，その際には，その解釈を生かして支援の方針を立てていくとよいでしょう。

❖ その他の検査の解釈

　今回は WISC-Ⅳ を中心に解説していますが，子どもの実態によっては他

の検査を活用することもあります。他の検査については，資料（pp.153-155）をご参考ください。WISC-IV以外の検査も活用し，多面的に子どもをアセスメントしていくことが重要です。ただし，あれもこれも検査を実施するのではなく，子どもの負荷を考え，困りの背景を検討する最低限のもの（あれかこれか）を選択していくようにしましょう。

　以下に，検査結果を解釈していく際に，自分の思考を整理していくための検査結果メモ（特典資料　付録②）を示します。このようなメモを活用して，検査結果を整理していくことも一つの方法です。

　解釈の詳細は，WISC-IVのマニュアルをご参照ください。

検査結果メモ

氏　名　：A　　　生活年齢:X歳 Xか月　　　学　校　：○○小学校
生年月日：　20XX 年　月　日
主　訴　：　読み書きが難しい。

WISC-IVの結果
ステップ1
全検査 IQ（FSIQ）は 101（96-106）である。
全般的な知的発達水準は，平均域である。
ステップ2
言語理解指標（VCI）は 95（88-103）である。
言語概念形成，言語による推理力，思考力，言語による習得知識は，平均の下から平均の水準である。
ステップ3
知覚推理指標（PRI）は 111（103—117）である。
非言語による推理力，思考力，空間認知，視覚-運動協応は，平均から平均の上の水準である。
ステップ4
ワーキングメモリー指標（WMI）は 82（77-90）である。
聴覚的ワーキングメモリー，注意・集中は低いから平均の水準である。
ステップ5
処理速度指標（PSI）は 113（103-119）である。
視覚刺激を速く正確に処理する力，注意，動機づけ，視覚的短期記憶，筆記技能，視覚-運動協応は平均から平均の上の水準である。
ステップ6
　知覚推理指標は，言語理解指標，ワーキングメモリー指標に比べ有意に高く，ワーキングメモリー指標との差はまれでした。このことから，非言語による推理力，思考力，空間認知のいずれかが個人内で強いと考えられます。
　ワーキングメモリー指標は，その他の指標に比べ有意に低く，知覚推理指標，処理速度指標との差はまれです。このことから，聴覚的ワーキングメモリー、注意・集中のいずれかが個人内でとても弱いと考えられます。

検査結果メモ例

指導仮説をたてよう

心理検査の結果などから得られた認知特性と実態把握で得られた情報をマッチングさせていき，子どもの困りの背景を認知特性から紐解いていきます。そうすることで，支援の方針が定まります。

　「アセスメントの解釈」で得られた WISC-Ⅳ の結果から得られた解釈を「実態把握」で得られた実態と結びつけていきます。子どもの行動（学習も含みます）実態の背景には，子どもの認知特性が大きく関わっています。ある行動には，ある一つの認知特性が関わっているとはならず，様々な背景要因が関わってくることも見えてきます。複数の支援者で支援方針を検討する際には，この背景要因の検討をそれぞれが意見を出し合いながら行うとよいでしょう。

　子どもの姿を具体的に思い浮かべながら，大いに〈根拠を基に〉自分の考えを伝え合い議論しましょう。場合によっては，この認知特性であれば，実際にはこういうことが苦手（または得意）かもしれないなどと，より実態把握につながることもあります。議論を行きつ戻りつしながら，子どもの姿に迫っていきましょう。

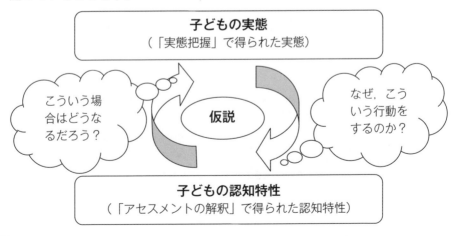

子どもの実態
（「実態把握」で得られた実態）

こういう場合はどうなるだろう？

仮説

なぜ，こういう行動をするのか？

子どもの認知特性
（「アセスメントの解釈」で得られた認知特性）

❖ 全般的な知的水準について

　WISC-Ⅳにおいては，全検査IQ（FSIQ）で全般的な知的発達水準について確認しました。知的な遅れがある場合は，認知特性を検討することももちろんですが，子どもに求めるものが多くなっていないか等を考えることが必要です。また，知的に遅れがない場合では，その子の困難さばかりに注目してしまい，子どもの能力を下に見てしまうことがあるかもしれません。知的に高い場合には，「こんなにできるんだから，頑張ればできるはずだ！」とも思いがちです。しかし，子どもは認知の偏りで困っているかもしれません。

❖ 実態とのマッチング

　子どもが抱えている学習上や生活上の困り，また得意なことと認知特性をマッチングさせていきます。例えば，作文を書くことが苦手な場合，言語表現力の弱さや筆記技能の弱さが認知特性としてあがっていたならば，それが困難さの背景要因として考えられるかもしれません。WISC-Ⅳの分析・解釈の結果，様々な認知特性があげられるかもしれませんが，その認知特性すべてが子どもの困りに直結するわけではありません。却下される仮説もありますし，より詳細に実態を検討する必要が出てくることもあります。いずれにせよ，子どもの実態に迫るために「なぜ？」を考えていくことが重要です。

❖ 子どもの今後の姿を想像する

　認知特性というものは，そうそう変わっていくものではありません。したがって，認知特性の強さに関しては，支援に生かしていくという発想，弱さに関しては，補う工夫や代替手段を検討していくという発想が必要です。決して，「弱いので鍛えましょう！」ではありません。そういった認知特性をもっている場合，今後の生活で困りそうなこと，輝けそうなことも検討し，この後の個別の指導計画につなげていきましょう。

個別の指導計画を作成しよう

個別の指導計画では，子どもの困りを解消するために，長期目標，短期目標を立て，それを達成するための具体的な手立てを記載します。関係者が個別の指導計画を見て，それぞれの役割を理解する。そして，共通の支援が展開される，共通言語となるように作成していきましょう。

　個別の指導計画の作成についての詳細な手順，方法などは，他の専門的な書籍等を参考にしていただきたいと思います。ここでは，重要なポイントのみ押さえていきます。

❖ 目標の設定

　子どもや保護者の主訴を中心に，取り組むべき課題を検討します。支援者の立場で子どもの困りを捉え，その困りを解消するための目標を設定します。

　長期目標は，おおむね１年後に子どもが達成してほしい姿を描きます。まれに，１年後の具体的な姿ではなく，人生の目標のようになってしまうケースもあります。もしかしたら適切な実態把握ができていなかったり，子どもの困りに注目しすぎるために過剰に子どもにできるようになることを求めていたりするかもしれません。子どもの発達段階も考慮しながら，目の前の子どもの１年後を想定して，長期目標を立てる必要があります。

　短期目標は，半期ごと，あるいは学期ごとに達成できる目標を設定します。短期目標を積み上げていくことで，長期目標が達成されるイメージです。

　子どもの困りが多岐にわたる場合には，あれもこれもと欲張ってしまいがちですが，取り組むべき課題の優先順位を考え，１～３点程度に絞って目標設定するとよいでしょう。

　長期目標を設定した段階で，次に考えることは短期目標ですが，短期目標を達成していくために，どの場で支援を行っていくのか考える必要があります。通常の学級に在籍している子どもの場合，通常の学級での支援や配慮を中心に検討します。また，場合によっては，通級指導教室の利用が可能かも

しれません。また，通級指導教室に通うことは難しいものの，校内支援の一環として特別支援学級の活用などができる場合もあります。今回，第2章（p.33以降）で示した事例は，通常の学級に在籍している子どもがほとんどです。特別支援学級在籍の子どももいますが，通常の学級での交流及び共同学習に参加しています。本書では，そういった場合を想定し，個別の指導計画での場を「通常の学級」「家庭」「特別の場（通級指導教室，特別支援学級）」と設定しています。ご自身で個別の指導計画を作成される場合には，それぞれの実態に即した場を検討してください。

　通常の学級は，基本的に集団が中心ですので，個別の指導計画の内容も集団を意識したものになります。家庭の支援については，過度に家庭に負担をかけないように検討していきましょう。特別な場での支援については，個に応じた支援が中心になります。しかし，特別な場で行う支援だからといって，決して個別に行うものではなく，子どもの実態によっては小集団での指導が必要な場合もあります。あくまで「個に応じた」支援であるということを押さえておきましょう。

　それぞれの場での支援を有機的に作用させていくことが，個別の指導計画を立てる大きな意義です。共通する長期目標を達成するため，特別の場での指導は通常の学級での配慮につなげていく〈補完型〉やそれぞれの役割を果たす〈分業型〉などが考えられます。子どもの実態や支援体制を基に，「絵に描いた餅」とならないよう，今すぐにできることを検討していきましょう。

❖ 目標設定のポイント

　目標を設定する際には，先にも述べたように共通言語としていくため，いくつかのポイントがあります。

①具体的であること

　その文章を読んだ人がみんな同じものをイメージできるかどうかが重要です。例えば，「帰りの会で先生の話を聞くことができる。」とします。さて，みなさんはどのような姿をイメージされるでしょうか。①時間いっぱい先生

に視線を送り続ける状態をイメージされる方もいるでしょうし，姿勢よく聞いている状態をイメージされる方もいるでしょう。はたまた，手遊びをしながらも話を聞いていそうな状態をイメージされる方もいるかもしれません。これでは共通言語になりません。そこで，子どもの行動を基にしていくとイメージが共有できます。「帰りの会の時に，先生の指示を聞いて，ノートに持ち物をメモすることができる。」どうでしょう？　まだまだそれぞれのイメージのずれは生じるかもしれませんが，先の目標よりはイメージが共有しやすいのではないでしょうか。

②評価可能であること

　具体的であることとも関わりますが，その目標が評価可能であるかどうかも重要です。先の例で考えると，「話を聞くことができる。」は評価が難しい（評価が人によって違ってしまう）ですが，「メモすることができる。」だとメモをするという行動を観察することにより評価可能となります。学習面における目標の場合は，テストや確かめ課題などで測定可能な目標だとよいでしょう。

③本人との共同でできること

　当然ながら，支援の中心は子どもです。子ども自身が課題に対して主体的に取り組めるようになることが重要です。個別の指導計画においても，子ども自身が目標を意識することができるとよいでしょう。そのために，子ども自身がどうなりたいかを本人と相談しておき，その内容を盛り込んでいくことが重要です。そうすることで，はじめて子どもと共同戦線を張る（室橋，2016）ことが可能になるのではないでしょうか。

❖ 具体的な手立てを考える

　これまで子どもの実態を詳細に把握し，認知特性についても検討してきました。それらの情報を生かし，その子どもに適した具体的な手立てを考えていきましょう。「以前，同じような困りのある子どもに通じたから。」ではなく，その子の実態や特性に応じたものを深く考えることが重要です。

ワークシート①　個別の指導計画　作成のポイント（第2章事例6を例に）

個別の指導計画			
氏名	F	学校	F小学校　　3年○組

年間指導目標（長期目標）
❶困った時に援助を求めることができる。
❷適切な助詞を使って会話することができる。

> 長期目標・短期目標ともに，子どもの視点で書きましょう。

	短期目標	具体的な手立てと支援	評価
通常の学級	❶学習場面で困った時に，援助サインを出すことができ〔場面を限定して，目標を立てるとより具体的になります。〕て助詞を使って説明することができる。	・筆入れを置く位置を決めておくなど，援助サインを出すことができた時に援助を行う。〔通常の学級では，過度な負担とならないよう配慮が重要になります。〕 ・状況を確認するために，イラストを描きながら話を聞く。 ・慣れてきたら，本人にも絵を描いて説明してもらう。〔具体的な手立ては，教師（支援者）目線で書きましょう。〕	
家庭 補完型	❷会話することを楽しむ。	・誤って助詞を使っていても，訂正するのではなく，正しい助詞を使って，モデルを示す。	
特別の場	❶援助を求めるサインを決めることができる。 ❷教科書や最近の出来事の状況を，助詞を使って適切に説明できる。〔得意なことや好きなこと，認知特性を踏まえて内容を検討しましょう。〕	・本人と相談しながら，援助を出しやすい方法を検討する。HELPカードなどアピール性が強くわかりやすい方法から自分が持っている道具を操作するなどの目立たない方法を提案し，選択させる。 ・「ねこがねずみをおいかける」などの文章をイラストとともに提示し，主語を変えた文章のイラストを描かせるなどして理解を促す。 　→構文の構造を理解させる。 ※通常の学級担任と連携して行う。〔本人や保護者と相談しながら手立てを検討できるといいですね。〕	

合理的配慮について検討しよう

これまで個別の指導計画を作成し，その子に応じた支援の方法を検討しました。その中で，合理的配慮についても検討しています。そこで，改めてなぜそれが必要なのかを認知的背景などを基に考えていきましょう。

　個別の指導計画にも教材や支援方法として合理的配慮が盛り込まれていますが，ここで改めてなぜ合理的配慮がその子に必要なのかを検討していきます。学校場面では，困りをもっている子どもへの支援を考えていく際に，通常の学級の中で担任の先生が意識せずに配慮されていることが多くあります。それはそれでとても大切なことです。しかし，その配慮がなぜ必要なのかということを明確にすることは，今後のその子の支援を継続していくために重要です。もちろん，学年が上がるにしたがって，支援の方法や内容は変わってくるかもしれません。その時には，今一度その子の困りを見つめ，どのような支援が考えられるか，検討していくとよいでしょう。

　合理的配慮を検討する時に，その内容が公正であるかどうかを判断する必要があります。何でもかんでも支援するのではなく，公正性が保たれているかどうかを検討していきます。例えば，読むことに困難さのある子どもがいて，その子に対し，テストでの読み上げを行います。テストでは内容を理解しているかどうかが評価のポイントになりますので，テストの読み上げ自体は，必要な配慮です。しかし，子どものことを思うあまり，その子だけに内容をかみ砕いて説明してしまったり，答えになる部分を強調して読んでしまったりしてしまうことがあります。これは，公正ではなく，合理的配慮とはいえません。同じ学びの場に立つことが目的であるということを前提に，合理的配慮を検討していくことが重要です。そのためには，やはり困りが生じる認知的背景をしっかりと把握していきたいものです。

　事例7のワークシート②の記入例を基に，合理的配慮の検討の流れを確認してみましょう。

ワークシート② 合理的配慮の検討

【合理的配慮の観点】
〈教育内容〉 ☑学習上又は生活上の困難を改善・克服するための配慮
　　　　　　 □学習内容の変更・調整
〈教育方法〉 ☑情報・コミュニケーション及び教材の配慮
　　　　　　 ☑学習機会や体験の確保
　　　　　　 ☑心理面・健康面の配慮

内容や方法を選定
複数にチェックが
ついてもよい。

【合理的配慮の内容（必要な物品等）】
◇授業の開始時に，範読をする。
　　　　　　（①・③・④・⑥・⑦）
◇音声読み上げ教科書を活用させる。
　　　　　（①・②・③・④・⑦）
◇タブレット端末活用時に，タイピングを行うとより時間がかかるため，音声入力機能を活用させる。
　　　　（①・③・④・⑤・⑦）
◇テスト時の問題文読み上げ，口頭試問を行う。
　　　　　（①・③・④・⑥・⑦）

具体的な支援の
方法や必要物品
を記載。

【背景となる認知特性等】
①言語で表現することや言葉を使って推理する力が強い。
②見たものから推理する力が強い。
③聴覚的ワーキングメモリーの弱さがある。
④視覚的短期記憶の弱さがある。
⑤視覚－運動協応の弱さがある。
⑥課題に対して不安が強い（検査時の様子から）。
⑦読むスピードが遅い（その他の検査から）。

アセスメントの
総合解釈を参考
にする。

特性に応じた教材をつくろう

これまで，その子に応じた支援の方法や合理的配慮についても検討してきました。それら特性に合わせた教材も作成していきましょう。

　個別の指導計画を作成しながらも，「こんな教材がいいかも。」「あんなことをやってみたい。」などと思っていたのではないでしょうか？　子どもの実態に応じた教材になっているかを検討し，子どもの強みを生かして教材を作成してみましょう。ここで今一度教材づくりのポイントについて整理しておきたいと思います。

①子どもの育てたい力にフォーカスできているか

**　子どもの苦手なことのバイパスとなっているか**

　その教材を通して子どもにどんな力をつけたいのか，あるいは子どもの苦手なことに対するバイパスになっているかどうかが一番重要です。単に「子どもが喜びそうだから。」「面白そうだから。」というだけでは，適切な支援とはいえません。こういったことは，特に対人面や行動面を支援しようとしてソーシャルスキルトレーニング（SST）を実施する際に起こります。活動としては楽しかったけれども，この活動に何の意味があるのだろうと振り返ることがよくあります。何のためにその教材が必要なのかを明確にして，教材づくりにあたることが重要です。

②子どもの認知特性に応じているか

　これまで認知特性を把握することの重要性は繰り返し述べてきました。その認知特性の強みを生かし，弱さをフォローする視点をもちましょう。時に，「改善させたい。」「困難を克服させたい。」というような支援者の思いが前面に出て，単純に本人の弱さを伸ばそうとする教材をつくる場合があります。例えば，漢字を書くことが苦手で，認知的背景として視覚認知の弱さがある子どもに対し，今後のことも考え，よく見て書く課題設定をする。私は，こ

れを「学習をより嫌いにさせる支援」と命名しています。苦手なことにアプローチする際には，本人の強みを生かし「苦手だけれど，少しだけできたと思えるようになる支援」を心がけたいものです。

③生活年齢に応じているか

これも教師によくある話です。漢字の書きが苦手で，小学校３年生までの漢字をこれまでの努力で習得している中学生の子どもに対し，次のステップとして小学校４年生の漢字の習得を目指す場合があります。一見すると正しいように思えるかもしれません。しかし，果たしてそうでしょうか？　本人が「そうしたい！」と願っているならばよいのですが，子どものプライドを考えると，そうはならないかもしれませんね。

④どの場面で行うのか

教材によっては，子どもと１対１で取り組む，あるいは小集団で取り組むことが適している場合があります。いかに子どもに応じた教材となっており，素晴らしいものだとしても，それを通常の学級で活用するのは難しい場合があります。教材をつくる時には，どの場面でその教材を使うのかを検討しておく必要があります。そのためには，子どもの支援にあたっている姿をシミュレーションしておくとよいかもしれません。

⑤子どもにとってわかりやすさがあるか

その教材を使うことで，何を学んでいるかが子どもにもわかるとよいでしょう。子ども自身が「○○ができる（わかりやすくなる）。」と思えることで，より主体的に活動することができます。そのため，ねらいは具体的に子どもに伝えていくとよいでしょう。また，簡単すぎず難しすぎず，適度な難易度で「またやろう。」と思える教材づくりを目指しましょう。

⑥子どもの姿が想定できるか

最後の仕上げです。つくった教材を子どもが取り組んでいる姿を想像してみましょう。教材と出合った時，子どもはどんな反応をするでしょうか？　やり方を説明している時は？　どんな方法で取り組むでしょう？　具体的な子どもの姿を想像できるのは素晴らしい教材です。

第2章

◇◆◇

発達障害のある
子どもを読み解く
事例研究課題
20

本書を使った研修方法について

　本章では，フィールドは小学校・中学校，困難の様子も学習面・行動面など多岐にわたる事例を掲載しております。それぞれの事例について，1・2ページ目に子どもの概要が示され，3ページ目にアセスメントの結果を掲載しています。そこまでをお読みいただき（グループワークで行う場合には読み合わせ），子どもの実態を想定してください。そして，心理検査などの結果を背景として，なぜ子どものよさや困りが表れるかを想像してみてください。その後，子どもの困りや願いに沿った個別の指導計画を作成していただければと思いますが，ここで得られた認知特性をどう生かしていくか，教材をどのような観点で作成していくかを添付資料のワークシートを活用しながら検討してください。

　ある程度検討をした段階で，その後，4ページ目以降の解説を読み進めてください。あくまで一例ですので，「私ならこう考える。」「もっとこんなことをアセスメントするべきだ。」と自分事として捉えることができたならば，研修は大成功です。今度は，みなさんの目の前のお子さんを基に，リアルな研修につなげていただければと思います。

| 主訴 実態把握 | アセスメント | 総合解釈 | 個別の指導計画 | 合理的配慮 教材作成 |

じっくり読み込み，
子どもの実態を想像。

認知特性を基に，
「自分ならこうする！」を検討。

※実態把握の中で，学校規模は大規模校（小学校18学級以上，中学校12学級以上），中規模校（小学校7～17学級，中学校6～11学級），小規模校（小学校6学級以下，中学校5学級以下）と表記しています。また，特別支援学級は，知的障害学級：知，自閉症・情緒障害学級：情，難聴学級：難聴，肢体不自由学級：肢体と表記しています。

漢字を覚えられるように
なりたい子

Aさんは，教科書などは問題なくスムーズに音読できます。しかし，書きが遅くて漢字が使いこなせない様子や，算数では筆算の時に混乱が見られます。最近は，「自分おかしいのかな。」と自信をなくすようになってきました。そんなAさんへの支援方針を検討してみましょう。

❖ 主訴

◆本　　人：漢字が覚えられるようになりたい。
◆保護者：宿題をしていてわからないところが多い。
　　　　　漢字はある程度読めるが，書いてもなかなか覚えられない。
◆担　　任：音読は支障ないが，書字に時間がかかる。
　　　　　算数の筆算では百の位と十の位で混乱する。

❖ 実態把握

　父，母，本人，妹，弟の5人暮らしです。お父さんは自営業で仕事が忙しく，休みの日は一緒に遊んでくれますが，Aさんの学習についてはお母さんに任せっきりです。宿題にできるだけ付き添うお母さんと違い，お父さんはAさんの学習についてはさほど心配はしていないようです。

〈生育歴〉

　2600ｇ出生，首の座り0：6，始歩1：1，初語1：0「ママ」。
　2歳で2語文が聞かれ，3歳では会話ができました。言葉の覚えは早かったです。人見知りや後追いも見られました。
　中耳炎は年長時に1回だけ患いましたが，早めに完治しました。乳幼児健診や保育園で発達の問題は指摘されていません。

Aさんが通う学校は中規模校（14学級，知1，情1）です。学級担任の先生は，熱心な若い先生でAさんに何かできることはないか一生懸命考えてくれています。学級は24名で，Aさんの他にも学習面で心配な子が数名います。

　授業中は集中し，先生や友達の話をよく聞いています。口頭で伝えられたことは理解できますし，積極的とはいえませんが，解答できることには手をあげて発表します。

　国語では，音読は問題なくでき，ひらがなやカタカナが読めるようになるのも早かったようです。文章の読み取りもできますし，登場人物の気持ちの理解なども特に問題ありません。ただし，書字には時間がかかり，カタカナや漢字を正しく使えていない様子が頻繁にみられます。カタカナは「ヨ」「ミ」などが鏡文字に，漢字も偏（へん）と旁（つくり）の位置を逆にしたまま練習していることに気がつかないことがあります。漢字の練習は一生懸命やりますが，習ったばかりでもすぐに忘れてしまうことが多いです。

　算数では，簡単な計算は暗算でできますし，九九も繰り返し唱えていると早めに覚えられました。しかし，筆算になると混乱するようで，百の位と十の位の列を間違えたり，下の数から上の数を引いたりします。また，「0」と「9」が同じ形になってしまうこともあるようです。

　走ったりボールを投げたりなど，運動は全般的に苦手です。工作は好きで，創意工夫のあるものをつくりますが，ハサミを使って線の通りに切るのは苦手です。絵を描くことが好きで，好きな洋服や漫画の絵を，自由帳がすぐになくなるほどよく描きます。

　友達関係は良好で，若干恥ずかしがり屋で受け身なことが多いですが，誰とでも仲よく接することができます。休み時間は友達と絵を描いたり，絵の中からキャラクターを見つけ出す絵本を一緒に見たりして過ごします。

　視力や聴力に問題はありません。

　学校での様子と比べると，家庭での方が積極的に動きます。弟や妹の面倒をよく見る，お母さんのお手伝いもよくできるお姉さんです。

❖ アセスメントの結果

〈WISC-Ⅳの結果〉

全検査IQと指標得点は下記の通りです（WISC-Ⅳのプロフィール分析の
ステップ1～5）。

	合成得点（90%信頼区分）	記述分類
全検査IQ（FSIQ）	93（88-99）	平均の下から平均
言語理解指標（VCI）	91（85-99）	平均の下から平均
知覚推理指標（PRI）	85（79-94）	低いから平均
ワーキングメモリー指標（WMI）	109（101-115）	平均から平均の上
処理速度指標（PSI）	99（91-107）	平均

◆指標得点間の差（WISC-Ⅳのプロフィール分析のステップ6）からわかること

ワーキングメモリー指標が知覚推理指標に比べて有意に高く，その差はま
れです。また，言語理解指標及び処理速度指標に比べても有意に高いです。
このことから，**注意・集中**，**聴覚的ワーキングメモリー**のいずれかが個人内
でとても強いと考えられます。

知覚推理指標が，ワーキングメモリー指標及び処理速度指標に比べて有意
に低いです。このことから，**空間認知**，非言語による推理力，思考力，**視覚
－運動協応**のいずれかが個人内で弱いと考えられます。

◆下位検査（WISC-Ⅳのプロフィール分析の7以降）からわかること

途中，周囲で物音が聞こえることがありましたが，気にする様子もなく最
後まで集中して取り組んでいました。

〈その他の検査〉 フロスティッグ視知覚発達検査

視覚と運動の協応 SS 8　　図形と素地 SS 8　　形の恒常性 SS 9
空間における位置 SS 7　　空間関係 SS 9　　PQ72

❖ アセスメントの総合解釈

〈検査結果から得られた認知特性等の仮説〉

全般的知的水準は，「平均の下から平均」の範囲にあり，知的な遅れはないと推測されるものの，解釈は慎重に行う必要があります。

認知過程の特性としては，以下のことがあげられます。

①聴覚的ワーキングメモリーが強い。

②注意・集中力が高い。

③空間認知が弱い（WISC 及びその他の検査から）。

④視覚−運動協応が弱い。

〈実態とその背景となる認知特性等との関連〉

話をよく聞いて理解できていること，読みの習得，九九の覚えの早さなどは，①聴覚的ワーキングメモリーの強さが関連していると推測されます。

授業中の集中力や，検査中，最後まで集中して取り組んでいた様子には，②注意・集中力の高さが関連していると推測されます。

一方，鏡文字，偏と旁の位置の誤り，筆算の位の混乱などは，③空間認知の弱さが影響しているものと考えられます。

運動やハサミの苦手さ，書字に時間がかかる様子や数字の書き誤りなどは，③空間認知の弱さや，④視覚−運動協応の弱さが関連しているものと推測されます。フロスティッグ視知覚発達検査でも視覚と運動の協応や空間における位置や図形と素地の把握に困難さが見られています。

❖ 個別の指導計画例　　＊前期の計画，評価は前期終了時に記入する。

個別の指導計画			
氏名	A	学校	A小学校　２年○組

年間指導目標（長期目標）
❶書くことに対する苦手意識を軽減し，学年相当の漢字を書くことができる。
❷カタカナや漢字を作文の中で正しく使うことができる。
❸学年相当の筆算が正しくできる。

	短期目標	具体的な手立てと支援	評価
通常の学級	❶事前に予告された漢字を，小テストで正しく書くことができる。 ❸テストで位の位置を間違わずに計算ができる。	・新字の提示の際は，意味づけを行いながら示す。事前にテストの漢字を伝えておく。 ・縦に罫線の入った計算用紙を準備し，テストで使えるようにする。	
家庭	❶❷❸ミサンガを用い，左右の位置関係を正しく把握することができる。	・ミサンガ等を常時左手に着けさせ，「左の〜」「右にある〜」など，左右を意識させた伝え方をする。	
特別の場	❷カタカナや既習漢字を正しく書くことができる。 ❸筆算で位の位置を間違わずに計算できる。	・カタカナや既習漢字について，本人と相談しながら，形などを言語化し，意味づけしていく。 ・数字の位に注意して計算用紙に書き込み，計算を行う。 ・間違い探しをした後，「左下」「右上」などの位置言葉を使って伝える練習をする。点つなぎをして，スモールステップで模写の練習をする。 ※通常の学級や家庭とリンクして進めていく。	空間認知の弱さを補い聴覚的にも覚えられるよう，位置を言葉にしたり，形に言葉で意味をつけたりする工夫をします。

❖ 合理的配慮の検討

【合理的配慮の観点】

〈教育内容〉　☑学習上又は生活上の困難を改善・克服するための配慮。

　　　　　　　☐学習内容の変更・調整。

〈教育方法〉　☑情報・コミュニケーション及び教材の配慮。

　　　　　　　☑学習機会や体験の確保。

　　　　　　　☑心理面・健康面の配慮。

【合理的配慮の内容（必要な物品等）】

◇ミサンガを着けることを認める。

　　　　　　　　　　　　　（③・④）

◇計算用紙をいつでも使えるように

　する。　　　　　　　　　　（③）

◇新出漢字の教授法の工夫（意味づ

　けなど）。　　　　　（①・③・④）

【背景となる認知特性等】

①聴覚的ワーキングメモリーが強い。

②注意・集中力が高い。

③空間認知が弱い（WISC 及びその

　他の検査から）。

④視覚－運動協応が弱い。

❖ 教材例

◆「漢字の言語化，意味づけ」

　形をじっくり見て，本人と相談しながら，そ
れぞれのパーツに言葉で意味づけを考えます。
練習は，唱えながら書きます。

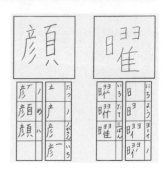

「っ」（促音）をよく書き間違え，自信をなくしている子

Bさんは，いつも作文で「雨だた（だった）」「うれしっかた（うれしかった）」のように促音を抜かしたり，位置を間違えたりすることを指摘されてしまいます。家庭では，「ポットベトル」などの言い間違いがしばしば見られ，お母さんが心配しています。そんなBさんへの支援方針を検討してみましょう。

❖ 主訴

- ◆本　　人：勉強ができるようになりたい。
- ◆保護者：読み書きが苦手。言い間違いが多い。
- ◆担　　任：作文で「っ」を何度も間違う。

❖ 実態把握

　父，母，本人，妹の4人暮らしです。お父さんは休みの日に一緒に遊ぶこともありますが，勉強はお母さん任せで特に心配はしていません。お母さんは，Bさんのことをとても心配しており「いつかできるようになる。」と楽観的なお父さんの態度にますますBさんへの心配を募らせています。

〈生育歴〉

　2500ｇ出生，首の座り0：3，始歩1：0，初語1：2。

　人見知りはありませんでした。1歳半健診や3歳児健診での指摘はありませんでした。

　全体的にのんびりしていて焦ることがなく，友達と遊ぶより一人でいることが多い子でした。また，絵本の読み聞かせにはあまり興味を示しませんでした。1年生の頃は，学校に行きたくないと渋ることが多かったです。

　Bさんの学校は，中規模校（13学級，知1）です。学級担任の先生は若手

の先生で，Ｂさんに何かできることはないかと協力的です。学級は28名で，全体的に仲のよい落ち着いた雰囲気です。

　Ｂさんは，入学前にやっと自分の名前（ひらがな）の読み書きができるくらいでした。今も文章の読み書きはスムーズではありませんが，読んで意味を理解することはできます。黒板を写すのはいつも遅く，人の倍はかかります。授業での作文は苦手ですが，友達への手紙はよく書きます。ただ，「いしょ（いっしょ）」「ろっけと（ろけっと）」など，いつも「っ」が抜けたり，位置を間違えたりします。

　算数では，計算はできますがケアレスミスがしばしば目立ちます。九九は四の段や七の段に定着していないものがあります。時計は，読める時刻と読めない時刻があって，「３時55分」などがわかりづらいようです。文章問題は苦手ですが，図形問題は解くことができます。

　家庭では，話しかけても聞いているのかいないのか，わからない時があります。学校での出来事を自分から伝えることはありますが，途中で話がずれることが多いです。また，「きって（切手）」を「きっぷ（切符）」と言ったり，「ポットベトル（ペットボトル）」などと言ったりする言葉の間違いもしばしばあります。行動はマイペースで，登校時や待ち合わせで妹や友達を待たせても，あまり急ぐ姿や遅れて焦る様子がありません。

　休み時間は，友達から誘われると外で遊んだり，教室で一緒に絵を描いたりして過ごします。自分から声をかけるのは苦手なようで，どう伝えればよいかわからなかったり，相手が別の子と遊んでいるとすぐに諦めたりするようです。絵や塗り絵，折り紙などを一人でやったり，学習漫画を読んだりして過ごすことが多いです。

　聴力に問題はありません。視力は低下気味で，最近眼鏡を買いました。

　親から見たＢさんのよさは，やさしく，我慢できるところです。ゲームや見たいテレビ番組などは，いつも妹に譲ります。一方で，一度「だめ。」と言ったら絶対にゆずらない頑固な一面もあります。

❖ アセスメントの結果

〈WISC-Ⅳの結果〉

全検査IQと指標得点は下記の通りです（WISC-Ⅳのプロフィール分析のステップ1〜5）。

	合成得点（90%信頼区分）	記述分類
全検査IQ（FSIQ）	92（87-98）	平均の下から平均
言語理解指標（VCI）	95（88-103）	平均の下から平均
知覚推理指標（PRI）	102（95-109）	平均
ワーキングメモリー指標（WMI）	79（74-88）	低いから平均の下
処理速度指標（PSI）	96（89-104）	平均の下から平均

◆指標得点間の差（WISC-Ⅳのプロフィール分析のステップ6）からわかること

ワーキングメモリー指標が，知覚推理指標に比べ有意に低くその差はまれです。また，言語理解指標及び処理速度指標に比べ有意に低いです。このことから，<u>注意・集中</u>，<u>聴覚的ワーキングメモリー</u>のいずれかが個人内でとても弱いと推測されます。

知覚推理指標が，ワーキングメモリー指標に比べ有意に高くその差はまれです。このことから，**非言語による推理力，思考力**が個人内でとても強いと推測されます。

◆下位検査（WISC-Ⅳのプロフィール分析の7以降）からわかること

掲示物や自分の思いつきに，気持ちが逸れる様子が何度も見られました。

〈その他の検査〉 LCSA 学齢版言語・コミュニケーション発達スケール

口答指示の理解9　聞き取りによる文脈の理解8　語彙知識10
慣用句・心的語彙8　文表現6　対人文脈9　柔軟性9
音読7　文章の読解6　**音韻意識5**　LCSA指数82　リテラシー指数74

❖ アセスメントの総合解釈

〈検査結果から得られた認知特性等の仮説〉

全般的知的水準は,「平均の下から平均」の範囲にあり, 知的な遅れはないと推察されるものの, 解釈は慎重に行う必要があります。

認知過程の特性としては, 以下のことがあげられます。

①注意・集中に弱さがある。

②聴覚的ワーキングメモリーに弱さがある。

③非言語による推理力, 思考力が強い。

④音韻認識が弱い（その他の検査から）。

〈実態とその背景となる認知特性等との関連〉

読みや作文の苦手さ, 算数の九九や文章問題のつまずきなどは, ②聴覚的ワーキングメモリーの弱さが関連しているものと推測されます。板書の視写の遅さは, 読みの遅さが影響しているものと考えられます。また, 促音の誤りや言葉の間違いは, ②聴覚的ワーキングメモリーが弱く, ④音韻意識も弱いことが関連しているものと推測されます。

時計の読みの苦手さや, 話が途中でずれていく様子なども②聴覚的ワーキングメモリーの弱さや, ①注意・集中の弱さが影響しているものと推測されます。計算のケアレスミスや, 話を聞いていないように見える様子, 検査時の取組には, ①注意・集中の弱さが関連しているものと思われます。

一方, 絵やぬり絵, 学習漫画を読んで過ごすことが多いなどは, ③非言語による推理力, 思考力の強さが関連していると考えられます。

❖ 個別の指導計画例

*前期の計画，評価は前期終了時に記入する。

個別の指導計画			
氏名	B	学校	B小学校　3年○組

年間指導目標（長期目標）

❶作文で促音が入った文章を正しく書くことができる。

❷時刻を正しく読み，学年相当の時刻と時間の問題が解ける。

❸テストの後，自分の解答を見直し，必要に応じて修正ができる。

	短期目標	具体的な手立てと支援	評価
通常の学級	❶❸促音の誤りがないか，自身で振り返ることができる。 ❷60分表示の時計を見ながら時間の問題を解く。	・テストや作文を見直したら，所定欄にチェックをするよう促す。返却時は，回答の誤りよりも，まず見直したことを褒める。 ・通級で用いた60分表示の時計や手順表を，学級でも使えるようにする。筆箱等に入れ，いつでも使うように促す。	シンプルな視覚刺激や手順の外在化によって、非言語による推理力、思考力の強さを生かし、聴覚的ワーキングメモリーへの負荷を軽減します。
家庭	❸課題を終えた後に振り返ることができる。	・宿題やプリントへの取り組み後の，振り返りを称賛する。	
特別の場	❶促音が入った単語を正しく書くことができる。 ❷60分表示の時計や手順表を見ながら時計を読むことができる。	・促音を含む単語を聞き，シンボルを操作して促音の位置を確認するよう促す。 ・短針や長針を読む手順をワークシートにし，それに沿って時刻を読む練習をさせる。 ※通常の学級とリンクして進めていく。	

❖ 合理的配慮の検討

【合理的配慮の観点】

〈**教育内容**〉 ☑学習上又は生活上の困難を改善・克服するための配慮

□学習内容の変更・調整

〈**教育方法**〉 ☑情報・コミュニケーション及び教材の配慮

☑学習機会や体験の確保

☑心理面・健康面の配慮

【合理的配慮の内容（必要な物品等）】

◇テストやプリントにチェックする
欄を設けて記入させる。（①・②）

◇60分表示の時計シートを見ること
を認める。 （②）

【背景となる認知特性等】

①注意・集中に弱さがある。

②聴覚的ワーキングメモリーに弱さがある。

③非言語による推理力，思考力が強い。

④音韻認識が弱い（その他の検査から）。

❖ 教材例

◆「促音のシンボル操作」

「えにっき」「びっくり」など促音を含む言葉を子どもに伝え，「っ」の位置に注意してマグネットを操作します。視覚的にシンプルな刺激を用いることで，より「っ」の位置に注目した操作を促すことが重要です。

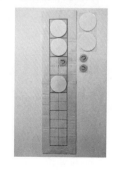

計算に自信がなく，
算数全般で自信をなくしている子

Cさんは，簡単なたし算やひき算はできますが，かけ算では筆算を使って計算する時に困ってしまいます。わり算も難しい様子でした。図形問題やグラフの活用はできますが，計算ができないことで算数全般に意欲をなくしていました。そんなCさんへの支援方針を検討してみましょう。

❖ 主訴

- ◆本　　人：算数を頑張りたい。
- ◆保護者：宿題を一人でできるようになってほしい。
- ◆担　　任：嫌なことから逃げ出さないで，最後まで取り組んでほしい。

❖ 実態把握

　母と本人の2人暮らしです。近所に祖母が住んでいて，お母さんが仕事で忙しい時にはCさんのお世話に来てくれます。3年生に進級する時に，市外からA市へと転校してきました。母は，Cさんが好きなことは何でもさせてあげたいと思い，習い事も本人がしたいという絵画教室に通わせるなど，Cさんに寄り添った関わりをしてくれています。

〈生育歴〉

　2332 g出生（在胎35週・切迫早産帝王切開）。

　その後の経過に問題はありませんでした。

　首の座り0：4，始歩1：3，初語1：0「おんぶ」，2語文1：8。

　人見知りや後追いはありました。1歳から保育園に入園しました。友達と元気に遊ぶことが多かったです。外で生き物を見つけることが好きで，カタツムリなどを自分で飼育していました。

Cさんが通う学校は，大規模校（20学級，知１，情１）です。学級担任の先生は経験10年目くらいの若手の先生で，クラス全体でも学習の難しい子どもに対して，休み時間や放課後の時間を使って，丁寧にサポートしていました。学級は31名で，学習面で困っている子どもが多い学級でした。

　算数以外の学習では困難さはありませんでしたが，授業中にぼうっとしていることが多く，先生の話を集中して聞くことが難しそうでした。「今何て言ったっけ？」ということも多く，指示理解の弱さが目立っていました。自分が興味をもった内容（理科や社会など）については，自分の考えを活発に発表し，内容も適切です。

　国語では，特に大きな困難さはありませんでした。作文を書く時には，どう書いていいかわからず，ぼうっとしていることがあり，先生がCさんの話を聞いて，順を追って書く内容を示していました。

　算数では，図形問題（三角形や四角形の特徴を見つけ出したり，直角を理解したりすること）はとても得意で，作図も上手にできました。しかし，九九は定着しておらず，かけ算を行う時に，たし算を使って数え足しをして取り組んでいる様子が見られました。また，筆算の繰り下がりや繰り上がりで手順を間違えることがあります。

　手先は器用で，図工が得意でした。イメージしたものを絵で描いて説明することがとても上手です。また，わかりやすい絵を描きます。虫の観察などは細部まで丁寧に描くことができます。工作も得意で，「ほしいものは自分でつくる。」という思いがあり，ボール紙を使って，ミニカーの車両基地を自分なりにつくることもしました。

　友達関係は良好で，冗談も通じ，誰とでも仲よく接することができます。仲よしの友達と休み時間に絵を描いて過ごすことが多かったです。

　親から見たCさんのよさは，絵がとても上手で発想が豊かとのことでした。担任の先生もCさんの絵の上手さを認めていて，よくそのことをほめてくれていました。

❖ アセスメントの結果

〈WISC-Ⅳの結果〉

全検査 IQ と指標得点は下記の通りです（WISC-Ⅳのプロフィール分析の
ステップ１～５）。

	合成得点（90％信頼区分）	記述分類
全検査 IQ（FSIQ）	101（96-106）	平均
言語理解指標（VCI）	95（88-103）	平均の下から平均
知覚推理指標（PRI）	111（103-117）	平均から平均の上
ワーキングメモリー指標（WMI）	82（77-90）	低いから平均
処理速度指標（PSI）	113（103-119）	平均から平均の上

◆指標得点間の差（WISC-Ⅳのプロフィール分析のステップ６）からわかること

知覚推理指標は，言語理解指標，ワーキングメモリー指標に比べ有意に高
く，ワーキングメモリー指標との差はまれでした。このことから，**非言語に
よる推理力，思考力**，空間認知のいずれかが個人内で強いと考えられます。

ワーキングメモリー指標は，その他の指標に比べ有意に低く，知覚推理指
標，処理速度指標との差はまれです。このことから，**聴覚的ワーキングメモ
リー**，注意・集中のいずれかが個人内でとても弱いと考えられます。

◆下位検査（WISC-Ⅳのプロフィール分析の７以降）からわかること

見たものに対しての取組は良好で，とても意欲的でした。一方，聞く課題
については集中がそがれる様子が見られました。

〈その他の検査〉　KABC-Ⅱ　心理・教育アセスメントバッテリー

認知総合96（90-100）　**継次78（72-85）**　**同時114（105-122）**

計画112（103-120）　学習89（82-98）

習得総合99（95-103）　語彙107（101-113）　読み105（99-111）

書き99（91-107）　算数82（77-88）

❖ アセスメントの総合解釈

〈検査結果から得られた認知特性等の仮説〉

　全般的知的水準は，「平均」の範囲にあり，知的な遅れはないと推察されるものの，指標得点間で有意差が見られるため，解釈は慎重に行う必要があります。

　認知過程の特性としては，以下のことがあげられます。

①見たものから推理したり思考したりする力が強い。

②空間認識力が強い。

③聴覚的ワーキングメモリーの弱さがある。

④注意・集中の弱さがある。

⑤継次処理が弱い（その他の検査から）。

⑥同時処理が強い（その他の検査から）。

〈実態とその背景となる認知特性等との関連〉

　計算の困難さは，③聴覚的ワーキングメモリーが弱いこと，④注意・集中が弱いこと，⑤継次処理が弱いことが関連していると推測されます。

　作文の困難さは，④注意・集中が弱いこと，⑤継次処理が弱いことが関連していると推測されます。

　注意・集中の困難さは，③聴覚的ワーキングメモリーが弱いこと，④注意・集中が弱いことが関連していると推測されます。

　絵を描くことや工作が得意なのは，①見たものから推理したり思考したりする力が強いこと，②空間認識力が強いこと，⑥同時処理が強いことが関連していると推測されます。

　図形問題が得意なのは，①見たものから推理したり思考したりする力が強いこと，②空間認識力が強いことが関連していると推測されます。

❖ 個別の指導計画例

*前期の計画，評価は前期終了時に記入する。

<table>
<tr><td colspan="4">個別の指導計画</td></tr>
<tr><td>氏名</td><td>C</td><td>学校</td><td>C小学校　３年○組</td></tr>
<tr><td colspan="4">年間指導目標（長期目標）
❶計算に対する苦手意識を軽減することができる。
❷自分一人で課題や宿題に取り組むことができる。</td></tr>
</table>

	短期目標	具体的な手立てと支援	評価
通常の学級	❶九九表を参考にしながら，手順通りに正しく計算できる。 ❷本人が決めた量の課題に，集中して取り組むことができる。	・通級で作成した九九表を手元において，計算させる。 ・九九表を見ることを学級全体で認める。 ・取り組める課題量を本人と相談し，できたという実感をもたせる。 ・一枚のプリントに多くの計算問題を掲載せずに，課題量を調整しやすくする。	見たものから推理，思考する力の強さを生かし、短期記憶の弱さを補う工夫をします。
家庭	❷宿題に一人で取り組み，丸つけを自分で行うことができる。	・宿題に取り組む時間を自分で決めさせ，取り組めたことをほめる。 ・丸付けをして，できたことを報告させ，できたことをほめる。	
特別の場	❶九九を理解しやすい方法で覚えることができる。 覚えた九九を活用して，計算問題を正確に解くことができる。 ❷自分で課題の量を調整することができる。	・量や法則を意識して九九を覚えさせる。九九を唱える方法で覚えるのではなく，ぱっと見でわかるようなビットつきの九九表を活用する。本人に九九表を基にイラストを描かせる。 ・九九表から法則を見つけ出させる等の活動を通して，九九を覚えさせる。 ・プリントなどの課題で，１ページ４問程度にしておき，枚数をたくさんできるようにし，自分で調整してできた実感を味わわせる。 ※通常の学級とリンクして進めていく。	

❖ 合理的配慮の検討

【合理的配慮の観点】
〈**教育内容**〉 ☑学習上又は生活上の困難を改善・克服するための配慮
　　　　　　　□学習内容の変更・調整
〈**教育方法**〉 ☑情報・コミュニケーション及び教材の配慮
　　　　　　　☑学習機会や体験の確保
　　　　　　　☑心理面・健康面の配慮

【合理的配慮の内容（必要な物品等）】
◇計算をする際に，「ビットつき九九表」を活用させる。
　　　　　　　（①・②・③・⑥）

【背景となる認知特性等】
①見たものから推理したり思考したりする力が強い。
②空間認識力が強い。
③聴覚的ワーキングメモリーの弱さがある。
④注意・集中の弱さがある。
⑤継次処理が弱い（その他の検査から）。
⑥同時処理が強い（その他の検査から）。

❖ 教材例

◆ 「ビットつき九九表」

　本人と相談しながら，唱えて覚える方法ではなく，量を意識してよく見る方法で覚えます。また，

9のだん								
9 1 が くいちが	9 2 くに	9 3 くさん	9 4 くし	9 5 くご	9 6 くろく	9 7 くしち	9 8 くは	9 9 くく
9	18	27	36	45	54	63	72	81

この九九表を基に，文章題を自分で考えさせる活動を行います。本人がイメージしやすいようにイラストを描いていきました。この九九表を通常の学級でも活用してもらいました。

気持ちのコントロールが苦手で活動に取り組めない子

Dさんは得意な勉強には意欲的に取り組みますが，「難しい」と思ったことは，初めから取り組むことをせず，プリントを丸めたり，その場を離れたりしてしまいます。また，集団活動でみんなより行動が遅れてしまうことで「もう無理だ」と取り組めなくなることがあります。そんなDさんへの支援方針を検討してみましょう。

◆ 主訴

- ◆本　　人：算数を頑張りたい。絵をたくさん描きたい。
- ◆保護者：みんなと一緒に教室で学んでほしい。
- ◆担　　任：苦手なことにも少しずつ取り組めるようになってほしい。

◆ 実態把握

　父，母，本人，弟の4人暮らしです。両親は働いており，幼い弟のお世話もあって忙しくしていることが多いですが，Dさんを心配しており，学校の様子を担任の先生から聞き，家庭で言い聞かせるなど熱心に関わっています。しかし，言い聞かせたことがなかなか守れないことで落胆してしまうこともあります。

〈生育歴〉

　2800g出生，首の座り0：3，始歩1：0，初語1：2「まんま」。

　人見知りや後追いはありませんでした。初語の後に言葉が増えず，1歳6か月健診で相談しましたが，経過観察となりました。3年保育の幼稚園に通いました。友達と遊ぶより，一人でブロックなどをしていることが多かったとのことです。4歳頃に急に言葉が増えました。5歳の時に弟が生まれました。

Ｄさんが通う学校は，中規模校（12学級，知１，情１）です。学級担任の先生は，三十代の先生で，Ｄさんが落ち着いて学校生活を送るために何かできることはないか一生懸命考えてくれています。学級は28名（男子14名，女子14名）で，Ｄさんが困った時に温かく見守る雰囲気があり，進んで手伝おうとする子もいます。

　Ｄさんの好きな教科は算数で，図や表などから気づいたり理解したりすることが得意で，意欲的に問題に取り組んだり発表したりしています。国語では，読んだり書いたりする技能に大きな困難はないものの，感想や作文を書く課題には取り組みたがらない様子があります。経験したことなどはよく話しますが，文章に書くとなると何からどう書いていいかわからず，「書けない。」と言う様子があります。

　絵を描くことが得意で，アニメのキャラクターなどをよく描いており，図工でも，絵や工作のアイデアが豊富ですが，つくりたいものがイメージした通りにできなかった時には怒って途中でやめてしまうことがあります。

　どの授業も一斉の指示では動けないことが多く，ぼんやりしていて聞いていないように見えます。一人だけ周りより遅れるなどした時には泣いたり，その場を離れたりして取り組めなくなってしまいます。

　少しでも難しい，困ったと感じると取り組めなくなり，先生が理由を聞いても「いやだから。」と言うばかりです。

　休み時間は一人でノートに絵を描いていることが多いですが，先生から誘われると友達と一緒にグラウンドなどでボール遊びや鬼ごっこなどをすることがあります。友達と一緒に流れに沿って動いていますが，負けたり，タッチされたりした時には怒って遊びをやめてしまうことがあります。

　親から見たＤさんのよさは，好きなことにはよく集中し，追求することができるところ，だそうです。担任の先生から見たよさは，イメージが豊かでよい発想をするところ，よく知っていることやわかることには意欲的に取り組むところとのことです。

❖ アセスメントの結果

〈WISC-Ⅳの結果〉

全検査IQと指標得点は下記の通りです（WISC-Ⅳのプロフィール分析のステップ1〜5）。

	合成得点（90%信頼区分）	記述分類
全検査IQ（FSIQ）	99（94-104）	平均
言語理解指標（VCI）	97（90-104）	平均
知覚推理指標（PRI）	118（109-123）	平均から高い
ワーキングメモリー指標（WMI）	79（74-88）	低いから平均の下
処理速度指標（PSI）	96（89-104）	平均の下から平均

◆指標得点間の差（WISC-Ⅳのプロフィール分析のステップ6）からわかること

知覚推理指標は，処理速度指標に比べ有意に高く，言語理解指標，ワーキングメモリー指標と比べ，有意かつ顕著に高いという結果です。このことから，**非言語による推理力，思考力，空間認知，視覚－運動協応**のいずれかが個人内でとても強いと考えられます。ワーキングメモリー指標は，言語理解指標，処理速度指標に比べ有意に低く，知覚推理指標に比べ，有意かつ顕著に低いという結果です。このことから，**聴覚的ワーキングメモリー，注意・集中**のいずれかが個人内でとても弱いと考えられます。

◆下位検査（WISC-Ⅳのプロフィール分析の7以降）からわかること

言葉で説明する課題では，うまく表現できない様子があり，**言語表現力の弱さ**が示唆されました。速さが求められる課題で，間違えないよう丁寧に行う様子がありました。問題の聞き返しが何度かありました。

〈その他の検査〉

ことばのテストえほんのテスト3では，「えーと……。」とうまく説明できない様子がありました。絵画語い発達検査（PVT-R）では，SS9という結果でした。

❖ アセスメントの総合解釈

〈検査結果から得られた認知特性等の仮説〉

　全般的知的水準は、「平均」の範囲にあり、知的な遅れはないと推察されるものの、指標得点間に差があることから慎重に解釈する必要があります。

　認知過程の特性としては、以下のことがあげられます。

　①見たものから推理したり思考したりする力が強い。

　②空間認知が強い。

　③視覚－運動協応の力が強い。

　④聴覚的ワーキングメモリーの弱さがある。

　⑤注意・集中の弱さがある。

　⑥言語表現力の弱さがある（その他の検査も含め）。

　⑦失敗への不安が高い。

〈実態とその背景となる認知特性等との関連〉

　図や表などから理解する力が高いことや図工で絵や工作のアイデアが豊富であることは、①見たものから推理したり思考したりする力の強さが関連していると推測されます。

　一斉指導で指示が通りにくいことは、④聴覚的ワーキングメモリーが弱いことや⑤注意・集中の弱さがあることが関連していると推測されます。

　文を書く時に何からどう書いていいかわからず「書けない。」と言うことは、⑥言語表現力の弱さが関連していると推測されます。

　活動に取り組めなくなることは、④聴覚的ワーキングメモリーが弱いことや⑤注意・集中の弱さ、⑥言語表現力の弱さ、⑦失敗への不安の高さが関連していると推察されます。

❖ 個別の指導計画例

＊前期の計画，評価は前期終了時に記入する。

個別の指導計画			
氏名	D	学校	D小学校　　２年○組

年間指導目標（長期目標）
❶困っていることを先生に伝え，取り組み方を相談することができる。
❷先生と一緒に文を書く課題に取り組もうとする。
❸集団の中で見通しをもって行動することができる。

	短期目標	具体的な手立てと支援	評価
通常の学級	❶嫌なことがあった時，先生に受け止められることで落ち着くことができる。 ❷先生と一緒に書きたいことを見つけることができる。 ❸先生の言葉がけや視覚的な手がかりを基に活動の見通しをもつ。	・「○○なんだね」と思いを受け止め，取り組み方の選択肢を与えるなどして相談する。「きもちのメーター」などの視覚的な教材で表現を助ける。 ・作文や感想文では，写真や挿絵などを基に話をする。担任が書いたメモを基に書くことを相談する。 ・ポイントを板書したり，手順表などの視覚的な手がかりを用いたりし，理解を促す。大事な指示をする前に言葉がけをして注意を促す。	見たものから推理する力を生かし，言語表現の弱さを補います。注意・集中や聴覚的ワーキングメモリーの弱さに配慮し，スモールステップで成功体験を積ませていきます。
家庭	❸家族と一緒に新しいことに挑戦する。	・学校で取り組むことを事前に体験するなどして見通しをもてるようにする。	
特別の場	❶家庭や学校での出来事を振り返り，自分の気持ちを話すことができる。 ❷メモを基に，短い文章を書くことができる。 ❸短時間，注意を向けて聞くことを意識する。	・メモなどで視覚的に共有しながら聞く。「きもちのメーター」などで気持ちを視覚化し，振り返ったり，表現したりすることを助ける。 ・１行日記などのDさんが抵抗なく取り組めるものから文を書くことに親しめるようにする。 ・かるたなどの楽しめる活動を通して聞く意識を高める。 ※通常の学級とリンクして進めていく。	

❖ 合理的配慮の検討

【合理的配慮の観点】
〈教育内容〉 ☑学習上又は生活上の困難を改善・克服するための配慮
　　　　　　 ☐学習内容の変更・調整
〈教育方法〉 ☑情報・コミュニケーション及び教材の配慮
　　　　　　 ☑学習機会や体験の確保
　　　　　　 ☑心理面・健康面の配慮

【合理的配慮の内容（必要な物品等）】
◇集団の中で取り組むことが難しい時に，個別に取り組んだり，気持ちを落ち着けたりする場所の確保。
（④・⑤・⑦）
◇本人が戸惑うことが予想される活動に対しての事前の説明や資料提示。
（④・⑤・⑦）
◇口頭の指示だけでなく，板書や視覚的な手がかりの提示。
（①・②・⑤・⑦）
◇指示を出す際の注意喚起。
（④・⑤）

【背景となる認知特性等】
①見たものから推理したり思考したりする力が強い。
②空間認知が強い。
③視覚－運動協応の力が強い。
④聴覚的ワーキングメモリーの弱さがある。
⑤注意・集中の弱さがある。
⑥言語表現力の弱さがある（その他の検査も含め）。
⑦失敗への不安が高い。

❖ 教材例

◆「きもちのメーター」

　特別な場，通常の学級で共通して使用します。自分の気持ちを振り返ったり，表現したりする時に使用します。

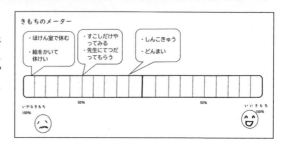

友達を誘う時にうまくいかず困っている子

Eさんは小学校3年生になり，友達に話しかけることが多くなりました。しかし，遊びに誘う時にうまくいかず，怒っている場面がよくあります。Eさんはせっかく話しかけているのにみんなが仲よくしてくれない，と困っています。そんなEさんへの支援方針を検討してみましょう。

❖ 主訴

◆本　　人：クラスの友達とうまく関わりたい。
◆保護者：友達と関わる時の言葉のかけ方を知ってほしい。
◆担　　任：友達への優しい言葉のかけ方ができるようになってほしい。

❖ 実態把握

　父，母，本人の3人暮らしです。お父さんはとても大らかで，子どもがやりたいようにさせようという考えをもっていますが，お母さんはEさんの家での学習時間や生活についてしっかり管理しています。Eさんが家でやるべきことをしていないと，きつく叱ることもあります。

〈生育歴〉

　2650g出生（在胎39週，帝王切開）。
　首の座り0：3，始歩1：0，初語1：5「ばす」。
　人見知りや後追いがみられました。
　3年保育の幼稚園に通っていました。友達と関わる様子があまり見られず，一人でぽうっと立って他の子が遊ぶ様子を先生のそばで見ていることが多かったです。誘っても遊びに入ることはありませんでした。

Eさんが通う学校は，中規模校（18学級，知1，情1，通級指導教室あり）です。学級担任の先生は，若くて何事にも一生懸命に取り組む先生です。友達とのことで悩むEさんが，学級で過ごしやすくなるように考え，おうちの人にも電話やおたよりで様子を伝えてくれています。

　学級は26名です。人数の少ない学級ですが，いつもにぎやかです。Eさんはクラスの子が授業中にふざけていると，「静かにして！」と注意することがあります。

　Eさんは，小学校2年生まで，周りの人とあまり話すことがなく，一人で過ごしていることが多かったです。先生や友達から誘われるとおにごっこなどに参加することはありました。3年生でクラス替えをしてから，Eさんは色々な友達に声をかけるようになりました。「遊ぼう。」と声をかけますが，断られると「なんで！」と大声で怒る姿がよくみられます。

　Eさんは，学校の朝読書の時間があまり好きではなく，図鑑や漫画を読んで過ごしています。テストではどの教科もおよそ8割とりますが，とても慎重にゆっくり解きます。自分から手をあげて発表することもあれば，窓の外をぼうっと見たりして先生から声をかけられていることもあります。

　音楽の授業が好きで，リコーダーや鍵盤ハーモニカも上手に演奏します。家庭でもピアノを習っており，簡単な楽譜は見て弾くことができます。図工はあまり好きではなく，「自由に色を決めて塗る」等，自由度の高い課題になると悩んで手が止まることが多いです。

　運動はあまり好きではありませんが，運動会でのダンスを覚えたりするのは得意です。ハサミやカッターなどは上手に使いますが，丁寧でとてもゆっくりです。折り紙では，つくり方を見て折る際，何度も「合っているかな？」と言う様子があります。視力や聴力に問題はありません。

　親から見たEさんのよさは，ルールを守るところとのことでした。担任の先生は，Eさんの真面目にこつこつ取り組むところをとても素晴らしいとほめています。

❖ アセスメントの結果

〈WISC-Ⅳの結果〉

全検査 IQ と指標得点は下記の通りです（WISC-Ⅳのプロフィール分析の
ステップ1～5）。

	合成得点（90%信頼区分）	記述分類
全検査 IQ（FSIQ）	114（108-119）	平均から平均の上
言語理解指標（VCI）	113（105-119）	平均から平均の上
知覚推理指標（PRI）	109（101-115）	平均から平均の上
ワーキングメモリー指標（WMI）	103（96-109）	平均
処理速度指標（PSI）	115（105-121）	平均から高い

◆指標得点間の差（WISC-Ⅳのプロフィール分析のステップ6）からわかること

ワーキングメモリー指標は，言語理解指標，処理速度指標と比べ有意に低
いです。このことから，**聴覚的ワーキングメモリー**，**注意・集中**のいずれか
が弱いと考えられます。

◆下位検査（WISC-Ⅳのプロフィール分析の7以降）からわかること

目で見て考える課題（特に，抽象的な図形を扱う課題）がとても得意で，
非言語性の流動性能力や，**視覚的ワーキングメモリー**，**視覚弁別力**が強いと
考えられます。

一方，質問に対して言葉で答える課題の回答の中で，自分の経験に即した
内容や，相手の立場ではなく自分の立場から考える内容が多くみられました。

また，課題の最中，解答が合っているか気にする様子が多くみられました。

〈その他の検査〉　PARS-TR　親面接式自閉スペクトラム症評定尺度

児童期得点13点（13点より PDD が強く示唆される）※7歳2か月時実施

❖ アセスメントの総合解釈

〈検査結果から得られた認知特性等の仮説〉

　全般的知的水準は，「平均から平均の上」の範囲にあり，知的な遅れはないと推察されるものの，解釈は慎重に行う必要があります。

　認知過程の特性としては，以下のことがあげられます。

　①非言語で考える力が強い。

　②視覚的ワーキングメモリーの強さがある。

　③視覚弁別力の強さがある。

　④聴覚的ワーキングメモリーの弱さがある。

　⑤注意・集中の弱さがある。

　⑥間違うことへの抵抗が強い（検査時の様子から）。

〈実態とその背景となる認知特性等との関連〉

　授業中の集中のむらは，④聴覚的ワーキングメモリーの弱さや⑤注意・集中の弱さが関連していると推測されます。

　テストの取り組みの際にとても慎重なのは，⑤注意・集中の弱さや，⑥間違うことへの抵抗の強さによるものと推測されます。

　図鑑や漫画を好むことは，①非言語で考える力が強いこと，②視覚的ワーキングメモリーの強さがあること，③視覚弁別力の強さがあることによるものと推測されます。

　友達とのやりとりがうまくいかないことは，ステップ7以降の結果より，Eさんが相手の立場に立って考えることが難しく，自分の立場のみ考えてしまうことや，自閉的な傾向が関連していると推測されます。

◆ 個別の指導計画例　　＊前期の計画，評価は前期終了時に記入する。

個別の指導計画				
氏名	E	学校	E小学校　　3年○組	

年間指導目標（長期目標）
❶友達を遊びに誘う時の声のかけ方を練習して実践できる。
❷誘われる友達の気持ちを考えることができる。

	短期目標	具体的な手立てと支援	評価
通常の学級	❶友達を遊びに誘うことができる。 ❷断られた時に，練習しておいた言葉で返すことができる。	・あらかじめ練習していた言葉で誘うことができたら，それを大いに称賛する。困っている様子があれば，関わり方を書いたカードを先生から見せる。 ・上記と同様に，できていた場合大いにほめ，困っていたらカードを見せて気づかせる。	主に「特別の場（通級指導教室）」で、目で見てわかる強さを生かして様々な場面のロールプレイングを行い、教室で実践することを考えます。
家庭	友達と遊んだり話したりして楽しかったことを記録することができる。	・日記などに，友達と関わって楽しかったことを記録しておいてもらい，担任の先生や通級の担当者に報告できるようにする。	
特別の場	❶先生の援助を得ながら，友達が遊びを断る時の気持ちを考えることができる。 ❷友達を遊びに誘う時の言葉と，断られた時に返す言葉を覚えることができる。	・あらかじめ「断られることがある」ことをEさんに伝える。 ・断る場合の友達の気持ちや状況を考えておく。 ・実際に起こりそうな場面を考えて，ロールプレイをしておく。 ※先生とEさんで考えた言葉を学級担任と共有する。	

❖ 合理的配慮の検討

【合理的配慮の観点】

〈教育内容〉 ☑学習上又は生活上の困難を改善・克服するための配慮

☐学習内容の変更・調整

〈教育方法〉 ☑情報・コミュニケーション及び教材の配慮

☑学習機会や体験の確保

☑心理面・健康面の配慮

【合理的配慮の内容（必要な物品等）】

◇通級指導教室で用意した教材をいつでも使用できるように，Ｅさんの個別支援ツールを机の中や身の回りに置いておけるようにする。

（①・④・⑥）

【背景となる認知特性等】

①非言語で考える力が強い。

②視覚的ワーキングメモリーの強さがある。

③視覚弁別力の強さがある。

④聴覚的ワーキングメモリーの弱さがある。

⑤注意・集中の弱さがある。

⑥間違うことへの抵抗が強い（検査時の様子から）。

❖ 教材例

◆「なかよしカード」

　場面ごとに，友達に好かれる言葉や行動などを短い言葉とイラストでまとめたカードをつくります。絵や台詞は複雑にならないように配慮します。うまくできたら，カードの裏にスタンプを押すと達成感をもつことができます。

言葉で表現することが苦手で，友達との関係がうまくいかない子

Fさんは，学習に対して意欲はあり，特に漢字の学習や算数の計算問題には自信をもっています。しかし，算数の文章題や作文には苦手意識がありました。また，上手に話をすることができず，友達との関わりの中で泣いてしまうことが多いです。そんなFさんへの支援方針を検討してみましょう。

❖ 主訴

◆本　　人：上手に話すことができない。
◆保護者：何を話しているのかわからないことがある。
◆担　　任：話をしている途中で泣いてしまい，内容がよくわからない。

❖ 実態把握

　Fさんは，父，母，祖父母と本人の5人家族です。家庭ではたくさん話をするものの，Fさんに学校での話を聞いても内容がよくわからないことが多いようです。学校では，授業中にわからないことがあっても，先生や友達に伝えられずに静かに泣いていたり，話し合い活動にうまく参加できず固まってしまったりするようです。家族で会話していて，話がかみ合わないという印象があるとのことでした。

〈生育歴〉

　2862g出生（在胎40週）。

　首の座り0：3，始歩1：2，初語1：6「ママ」　2語文2：0。

　人見知りや後追いはありました。3年保育の認定こども園に入園しました。その頃は，他の子どもと比べて幼い印象がありました。女子と一緒にままごとやお店屋さんごっこをして遊ぶことが多かったです。友達関係がとても良

好で，Ｆさんの言いたいことを友達が代弁してあげることがよくありました。お手紙のやりとりを楽しみにしており，友達や先生に自分の描いた絵をよくあげていました。また，絵本を見ることが好きで，絵本の部屋で，一人で本を読んで過ごすことも多かったようです。

　Ｆさんが通う学校は，大規模校（20学級）です。同じこども園からその学校に入学する子どもは少なく，なかなか友達関係を築くことができずに，休み時間は静かに一人で絵を描いて過ごすことが多かったようです。学習全般で大きな困りはないものの，話し合い活動では，その場にいるだけで話し合いに参加できていませんでした。助けを求めることができず，困って泣いてしまうことがありました。日直など決められたことを話す場面では，話すことができました。学習発表会でも決められたセリフを堂々と言うことができました。学級担任の先生は経験豊かなベテランの先生で，Ｆさんは表現することの苦手さがあると認識しており，発表場面で援助したり，Ｆさんが困りそうな場面で困る前に言葉かけしたりするなど配慮してくれていました。

　家庭では，小学校に入学してからもよく話をして，学校での様子とは全然違ったとのことでした。たくさん話をするものの，保護者はＦさんの話の内容がわからないことが多かったので聞き返すと，「なんでそうやって聞くの？」と言って怒り，話を途中でやめてしまうことが多かったようです。

　また，学校での出来事で嫌なことがあった時には，母にいろいろと話をしていましたが，誰がＦさんに対して何をしたのかがわからなくなることが多いようでした（例：「Ｆが～，今日，○○くんをランドセルボコッとしたんだ。」→「今日，○○くんにＦのランドセルを叩かれた。」という意味）。特に，助詞の誤りはよく見られ，「頭をぶつかった。（頭がぶつかった）」「蚊に刺した（蚊に刺された）」などの表現は日常茶飯事でした。保護者はＦさんが話をすることを第一に考え，一つひとつ言い直しをさせるなどはしていませんでした。

❖ アセスメントの結果

〈WISC-Ⅳの結果〉

　全検査 IQ と指標得点は下記の通りです（WISC-Ⅳのプロフィール分析の
ステップ１〜５）。

	合成得点（90%信頼区分）	記述分類
全検査 IQ（FSIQ）	89（84-95）	平均の下から平均
言語理解指標（VCI）	82（77-91）	低いから平均
知覚推理指標（PRI）	102（95-109）	平均
ワーキングメモリー指標（WMI）	85（80-93）	平均の下から平均
処理速度指標（PSI）	96（89-104）	平均の下から平均

◆指標得点間の差（WISC-Ⅳのプロフィール分析のステップ６）からわかること

　言語理解指標は，知覚推理指標，処理速度指標に比べ有意に低く，知覚推
理指標との差はまれでした。このことから，言語概念形成，**言語による推理
力，思考力**，言語による習得知識のいずれかが個人内で弱いと考えられます。

　ワーキングメモリー指標も，知覚推理指標，処理速度指標に比べ有意に低
い結果でした。このことから，**聴覚的ワーキングメモリー**，注意・集中のい
ずれかが個人内でとても弱いと考えられます。

◆下位検査（WISC-Ⅳのプロフィール分析の７以降）からわかること

　見たものに対しての取組は良好で，とても意欲的でした。また，一つひと
つ丁寧に考えて取り組んでいました。「わからない。」と言うことはあまりあ
りませんでした。

〈その他の検査〉　LCSA　学齢版言語・コミュニケーション発達スケール

　LSCA 指数83　リテラシー指数89

　口頭指示の理解７　聞き取り文脈理解７　音読10　**文章の読解５**　語彙知
識10　慣用句・心的語彙９　**文表現６**　**対人文脈６**　柔軟性８　音韻意識10

❖ アセスメントの総合解釈

〈検査結果から得られた認知特性等の仮説〉

　全般的知的水準は，「平均の下から平均」の範囲にあり，知的な遅れはないと推察されるものの，指標得点間で有意差が見られるため，解釈は慎重に行う必要があります。

　認知過程の特性としては，以下のことがあげられます。

①言語による推理力，思考力が弱い。

②言語表現力が弱い。

③聴覚的ワーキングメモリーが弱い。

④非言語による推理力，思考力が強い。

⑤不安が強い（検査時の様子から）。

⑥文章レベルの理解や表現が弱い（その他の検査から）。

〈実態とその背景となる認知特性等との関連〉

　会話が成立しづらいことには，①言語による推理力，思考力が弱いこと，②言語表現力が弱いこと，③聴覚的ワーキングメモリーが弱いこと，⑥文章レベルの理解や表現が弱いことが関連していると推測されます。

　なかなか自分の思いを伝えられずに泣いてしまうことには，②言語表現力が弱いこと，③聴覚的ワーキングメモリーが弱いこと，⑤不安が強いこと，⑥文章レベルの理解や表現が弱いことが関連していると推測されます。

　状況説明の困難さには，①言語による推理力，思考力が弱いこと，②言語表現力が弱いこと，⑥文章レベルの理解や表現が弱いことが関連していると推測されます。

　絵を描くことが得意であることには，④非言語による推理力，思考力が強いことが関連していると推測されます。

❖ 個別の指導計画例

*前期の計画，評価は前期終了時に記入する。

<table>
<tr><td colspan="5" align="center">個別の指導計画</td></tr>
<tr><td>氏名</td><td>F</td><td>学校</td><td colspan="2">F小学校　　３年○組</td></tr>
<tr><td colspan="5">年間指導目標（長期目標）
❶困った時に援助を求めることができる。
❷適切な助詞を使って会話することができる。</td></tr>
<tr><td></td><td>短期目標</td><td colspan="2">具体的な手立てと支援</td><td>評価</td></tr>
<tr><td rowspan="2">通常の学級</td><td>❶学習場面で困った時に，援助サインを出すことができる。</td><td colspan="2">・筆入れを置く位置を決めておくなど，援助サインを出すことができた時に援助を行う。</td><td rowspan="3">非言語による推理力，思考力の強さを生かし，言語能力の弱さを補う工夫をします。</td></tr>
<tr><td>❷適切なモデルを基に，出来事について助詞を使って説明することができる。</td><td colspan="2">・状況を確認するために，イラストを描きながら話を聞く。
・慣れてきたら，本人にも絵を描いて説明してもらう。</td></tr>
<tr><td>家庭</td><td>❷会話することを楽しむ。</td><td colspan="2">・誤って助詞を使っていても，訂正するのではなく，正しい助詞を使って，モデルを示す。</td></tr>
<tr><td rowspan="2">特別の場</td><td>❶援助を求めるサインを決めることができる。</td><td colspan="2">・本人と相談しながら，援助を出しやすい方法を検討する。HELPカードなどアピール性が強くわかりやすい方法や自分が持っている道具を操作するなどの目立たない方法を提案し，選択させる。</td><td></td></tr>
<tr><td>❷教科書や最近の出来事の状況を，助詞を使って適切に説明できる。</td><td colspan="2">・「ねこがねずみをおいかける」などの文章をイラストとともに提示し，主語を変えた文章のイラストを描かせるなどして理解を促す。
　→構文の構造を理解させる。

※通常の学級担任と連携して行う。</td><td></td></tr>
</table>

❖ 合理的配慮の検討

【合理的配慮の観点】
〈教育内容〉　☑学習上又は生活上の困難を改善・克服するための配慮
　　　　　　　□学習内容の変更・調整
〈教育方法〉　☑情報・コミュニケーション及び教材の配慮
　　　　　　　□学習機会や体験の確保
　　　　　　　☑心理面・健康面の配慮

【合理的配慮の内容(必要な物品等)】
◇ HELP カードなどの援助サイン
　を活用させる。(①・②・⑤・⑥)

【背景となる認知特性等】
①言語による推理力,思考力が弱い。
②言語表現力が弱い。
③聴覚的ワーキングメモリーが弱い。
④非言語による推理力,思考力が強
　い。
⑤不安が強い(検査時の様子から)。
⑥文章レベルの理解や表現が弱い
　(その他の検査から)。

❖ 教材例

◆「イラスト助詞教材」

　SOV 構文のSの部分を空欄にしておき,そこに当てはまる動物などを記入します。そのイラストを枠に描かせ,安定的に助詞が使えるようにします。次の段階では,○の部分を空欄にしていきます。ユニークなイラスト

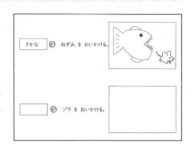

(魚がねずみをおいかける,ねこが象をおいかける等)になって大笑いです。

読み書きに自信をなくしている子

Gさんは読むことを嫌がり，音読はしたがりません。また，書くことは苦手で，なかなか覚えることができません。算数では，文章題に取り組むことを嫌がります。家庭でも，お母さんが一緒に学習に取り組むようにしていますが，読み書きには，自信をなくしているようです。そんなGさんへの支援方針を検討してみましょう。

❖ 主訴

◆本　　人：漢字と算数ができるようになりたい。
◆保護者：落ち着きのなさが心配。学習面で何か一つでも前向きになれるものがあればいい。
◆担　　任：学習全般が心配。

❖ 実態把握

　父，母，本人，母方祖母の4人暮らしです。お父さんは休みの日に一緒に遊んだり，勉強を見てくれたりと一生懸命に関わろうとしていますが，「やればできる。」とGさんに強く求めてしまうことがあります。お母さんは，Gさんのことをとても心配しており，お父さんと意見が違うことで悩むことも多いようです。

〈生育歴〉

　2500g出生，首の座り0：4，始歩1：1，初語1：0「まんま」。

　人見知りや後追いはありました。4歳頃，母が病気で入院し，祖父母が養育していました。3年保育の幼稚園に通い，幼稚園では友達と元気に遊ぶことが多かったようです。一方，読み聞かせにはあまり興味を示しませんでした。

Ｇさんが通う学校は，中規模校（12学級，知１，情１）です。学級担任の先生はベテランで，学習面で困ることの多いＧさんに何かできることはないか一生懸命考えてくれています。学級は33名で，Ｇさんのことをよく理解して，温かく見守ってくれています。

　学習全般で自信をなくしていて，「自分はダメだから覚えられない。」とよく言います。集中して意欲的に取り組める場面とそうではない場面があり，集中することにむらがあります。理解している内容については，自分の考えを活発に発表し，内容も適切です。

　国語では，聞いて話の内容を理解することはできますが，自分で読みながらでは理解できないようです。ひらがなやカタカナは時間がかかりますが，読むことはできます。書くことは難しく，かな文字を思い出すことにも時間がかかります。漢字は全般的に読むことも書くことも難しいものの，できるようになりたいという意欲はあります。

　算数では，九九は定着していないものもありますが，計算ができます。文章題は読んであげると解くことができます。定規やコンパスはうまく使えず，描いた線がずれてしまい，正しく作図できません。

　手先が器用ではないため，図工では手助けが必要です。しかし，粘り強く最後まで取り組んで作品を完成させます。リコーダーも苦手です。一方，スキーは好きで自信をもっています。

　友達関係は良好で，冗談や皮肉も通じます。誰とでも仲よく接することができます。聞き返しは多いものの，会話で困ることはありません。なぞなぞが好きで，休み時間に友達になぞなぞを出して遊ぶこともあるようです。

　身支度することに時間がかかるようで，途中で別のことに気を取られてしまうことがあるようです。視力や聴力に問題はありません。

　親から見たＧさんのよさは，社会性があり，好奇心が強いところとのことでした。担任の先生は，優しく，何事にも一生懸命であるところとのことでした。

❖ アセスメントの結果

〈WISC-Ⅳの結果〉

全検査IQと指標得点は下記の通りです（WISC-Ⅳのプロフィール分析のステップ1〜5）。

	合成得点（90%信頼区分）	記述分類
全検査IQ（FSIQ）	83（79-89）	低いから平均の下
言語理解指標（VCI）	95（88-103）	平均の下から平均
知覚推理指標（PRI）	103（95-109）	平均
ワーキングメモリー指標（WMI）	68（64-78）	非常に低いから低い
処理速度指標（PSI）	70（66-82）	非常に低いから平均の下

◆指標得点間の差（WISC-Ⅳのプロフィール分析のステップ6）からわかること

言語理解指標，知覚推理指標は，ワーキングメモリー指標，処理速度指標に比べ有意に高く，またその差はまれです。このことから，言語概念形成，**言語による推理力，思考力**，言語による習得知識，**非言語による推理力，思考力**，空間認知のいずれかが個人内でとても強いと考えられます。

ワーキングメモリー指標，処理速度指標は，言語理解指標，知覚推理指標に比べ有意に低く，その差はまれです。このことから，**聴覚的ワーキングメモリー**，注意・集中，視覚刺激を速く正確に処理する力，注意，動機づけ，視覚的短期記憶，筆記技能のいずれかが個人内でとても弱いと考えられます。

◆下位検査（WISC-Ⅳのプロフィール分析の7以降）からわかること

課題に取り組む際に，間違ったらどうしようといった課題に対しての不安が見られました。

〈その他の検査〉　特異的発達障害　診断・治療のための実践ガイドライン

単音連続読み　+7.5SD　　　　　　単語読み課題（有意味）+5.6SD

単語読み課題（無意味）+10.2SD　　単文読み課題　+2.3SD

❖ アセスメントの総合解釈

〈検査結果から得られた認知特性等の仮説〉

　全般的知的水準は,「低いから平均の下」の範囲にあり, 知的な遅れはないと推察されるものの, 解釈を慎重に行う必要があります。

　認知過程の特性としては, 以下のことがあげられます。

　①言語で表現することや言葉を使って推理する力が強い。

　②見たものから推理する力が強い。

　③聴覚的ワーキングメモリーの弱さがある。

　④視覚的短期記憶の弱さがある。

　⑤視覚−運動協応の弱さがある。

　⑥課題に対して不安が強い（検査時の様子から）。

　⑦読むスピードが遅い（その他の検査から）。

〈実態とその背景となる認知特性等との関連〉

　読みの困難さには, ③聴覚的ワーキングメモリーが弱いことや④視覚的短期記憶が弱いことが関連していると推測されます。

　書きの困難さは, 読みの困難さがあるとともに, ④視覚的短期記憶の弱さや⑤視覚−運動協応の弱さによるものと推測されます。

　注意・集中の困難さは, ③聴覚的ワーキングメモリーの弱さによるものと推測されます。

　言語による理解力が高いことや社会性があることには, ①言語で表現することや言葉を使って推理する力が強いことや②見たものから推理する力が強いことが関連していると推測されます。

　不器用さは, ⑤視覚−運動協応の弱さによるものと推測されます。

　聞き返しが多いことは, ③聴覚的ワーキングメモリーの弱さや⑥課題に対して不安が強いことによるものと推測されます。

❖ 個別の指導計画例　　*前期の計画，評価は前期終了時に記入する。

個別の指導計画			
氏名	G	学校	G小学校　　4年○組

年間指導目標（長期目標）
❶読むことに対する苦手意識を軽減し，学年相当の文章を読むことができる。
❷特殊音節が入った短文を書くことができる。
❸3年生までの漢字を作文の中で使うことができる。

	短期目標	具体的な手立てと支援	評価
通常の学級	❶先生の援助を受けながら，教科書の決めた部分をまとまりに気をつけて読むことができる。 ❷作文で特殊音節を正しく表記できる。 ❸事前に予告された漢字を，小テストで正しく書くことができる。	・事前に学習する内容を伝えておき，予習させ，内容理解を促す（視覚情報提示，挿絵の活用）。 ・特殊音節表カードなどを必要に応じて活用させる（全体での活用）。 ・特殊音節フラッシュカードを活用し，読みを促進させる（朝学習など）。 ・事前にテストの漢字を伝えておく。テストの漢字の数を限定する（テスト頻度の調整）。漢字の意味づけを行う。空書きなど。	言語理解の強さを生かし、意味づけ、言語化して、短期記憶の弱さを補う工夫をします。
家庭	興味関心のあることを，自ら聞いたり，読んだりすることができる。	・音読カードを活用する。学習することへの称賛を行う。 ・音声読み上げ教材を活用する。支援ツールを活用する。	
特別の場	❶学習内容の1文程度を間違えずに読むことができる。 ❷特殊音節を含む単語を聞いて書くことができる。 ❸既習の漢字を正しく表記することができる。	・本人と読みやすい方法を相談する。 ・漢字のルビ打ちを行う。 ・文を区切る。 ・（教師の範読に対し）ポインティングの練習を行う。 ・拗音のつく言葉集めなどの活動を通して，特殊音節を意識させる。 ・既習の漢字について，本人と相談しながら形などを言語化し，意味づけていく。	

❖ 合理的配慮の検討

【合理的配慮の観点】
〈教育内容〉　☑学習上又は生活上の困難を改善・克服するための配慮
　　　　　　　□学習内容の変更・調整
〈教育方法〉　☑情報・コミュニケーション及び教材の配慮
　　　　　　　☑学習機会や体験の確保
　　　　　　　☑心理面・健康面の配慮

【合理的配慮の内容（必要な物品等）】
◇授業の開始時に，範読をする。
　　　　　　（①・③・④・⑥・⑦）
◇音声読み上げ教科書を活用させる。
　　　　　　（①・②・③・④・⑦）
◇タブレット端末活用時に，タイピングを行うとより時間がかかるため，音声入力機能を活用させる。
　　　　　　（①・③・④・⑤・⑦）
◇テスト時の問題文読み上げ，口頭試問を行う。
　　　　　　（①・③・④・⑥・⑦）

【背景となる認知特性等】
①言語で表現することや言葉を使って推理する力が強い。
②見たものから推理する力が強い。
③聴覚的ワーキングメモリーの弱さがある。
④視覚的短期記憶の弱さがある。
⑤視覚－運動協応の弱さがある。
⑥課題に対して不安が強い（検査時の様子から）。
⑦読むスピードが遅い（その他の検査から）。

❖ 教材例

◆「拗音のつく言葉集め」

　「きゃ」のつく言葉を集め，それらのイラストを子ども自身が描いていき，そのことを通して，拗音を意識させます。その際には，「きゃらめるのきゃ」等と，意味づけを言葉でしっかりと行うことが重要です。

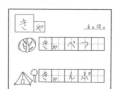

漢字を覚えて書くことが苦手な子

Hさんは4年生になり，苦手な漢字の学習を頑張りたいと思っています。しかし，練習してもなかなか覚えることができず，定期的に行われる10問テストでは20〜30点という成績になってしまい，自信をなくしています。そんなHさんへの支援を検討してみましょう。

❖ 主訴

◆本　　人：漢字のテストでいい点数をとれるようになりたい。
◆保護者：学習面でどう教えていいかわからない。
◆担　　任：自信をもって学習に取り組んでほしい。

❖ 実態把握

　父，母，本人，兄の4人暮らしです。お父さんお母さんは，Hさんの学習面を心配し，教えることもありますが，最近ではHさんが間違いを指摘されることを嫌がるので，教えにくいと感じています。

〈生育歴〉
　2900g出生，首の座り0：4，始歩1：0，初語1：0「ママ」。
　人見知りや後追いはありました。健診での指摘はありませんでした。
　3年保育の幼稚園に通っていました。友達と遊ぶよりは，2歳上のお兄さんや担任の先生のそばで遊んでいることが多かったとのことです。
　小学校では，ひらがなやカタカナの読み書きの習得に時間がかかり，家庭でお母さんが教えたり，塾に通ったりしていました。ひらがなやカタカナは1〜2年生で覚えましたが漢字はなかなか身につきませんでした。お母さんが学習面を心配し，4年生になってスクールカウンセラーに相談しました。

Hさんが通う学校は，中規模校（18学級，知1，情1）です。学級担任の先生は，ベテランの先生で，学習面でHさんにもっと自信をつけてほしいと一生懸命考えてくれています。学級は30名で，活発に発言する子の多い学級です。

　Hさんはどの授業も一生懸命取り組もうとしますが，なかなか結果が出ず，自信をなくしてしまうことがあります。

　国語では，長文になると文末が勝手読みになってしまうことがあります。一人一文ずつ交代で読む時に，どこを読んでいるかわからなくなることもあります。読解のテストなどでは，大まかな内容は理解しているものの，大事な部分を文章の中から抜き取ることは苦手としています。クラスでは定期的に漢字のテストが行われていますが，Hさんは練習をしても20〜30点ほどの点数です。練習をしたノートを見ると，繰り返し練習しているうちにどこかが足りない，形が変わっているなどして違う文字になっていることがよくあり，後で書こうとしても正確に書けないことが多いです。作文などは習った漢字もひらがなで書くことが多いです。

　算数では，計算の仕方は理解しているものの，かけ算やわり算の筆算などで桁を間違えたり，繰り上がりを忘れたりするミスが多い傾向があります。

　図工での道具の扱いやリコーダーには困りなく取り組むことができます。

　休み時間は気の合う友達と，アニメの話などをして楽しんでいます。担任の先生のそばに行き，家庭の出来事などをたくさん話すこともあります。

　当番活動や係活動は一生懸命行っています。整理整頓などはやや苦手としており，持ち物が見当たらなくなると近くにあってもなかなか見つけられないことがあります。

　親から見たHさんのよさは，家庭では明るく，よく話し，ムードメーカーなところとのことです。担任の先生は，当番活動などをまじめに行い，友達からも信頼されているところ，お話が大好きなところとのことです。

❖ アセスメントの結果

〈WISC-Ⅳの結果〉

全検査IQと指標得点は下記の通りです（WISC-Ⅳのプロフィール分析のステップ1〜5）。

	合成得点（90％信頼区分）	記述分類
全検査IQ（FSIQ）	86（81-92）	平均の下から平均
言語理解指標（VCI）	101（92-109）	平均
知覚推理指標（PRI）	91（85-99）	平均の下から平均
ワーキングメモリー指標（WMI）	76（71-85）	低いから平均の下
処理速度指標（PSI）	81（76-91）	低いから平均

◆指標得点間の差（WISC-Ⅳのプロフィール分析のステップ6）からわかること

言語理解指標は，処理速度指標に比べ有意に高く，ワーキングメモリー指標に比べて有意かつ顕著に高いという結果でした。このことから，**言語概念形成**，**言語による推理力**，**思考力**，**言語による習得知識**のいずれかが個人内でとても強いと考えられます。

ワーキングメモリー指標は，知覚推理指標に比べて有意に低く，言語理解指標に比べて有意かつ顕著に低いという結果でした。このことから，**聴覚的ワーキングメモリー**，**注意・集中**のいずれかが個人内でとても弱いと考えられます。

◆下位検査（WISC-Ⅳのプロフィール分析の7以降）からわかること

形を見比べて判断する課題には時間がかかる様子があり，**視覚弁別力**の弱さが示唆されました。物事を説明する課題では的確に回答し，**言語表出や常識的な因果**，**社会規範の理解**の高さが示唆されました。「これは〜だから…。」とつぶやきながら考えていました。

〈その他の検査〉 ADHD-RS（スクールカウンセラーが担任に聞き取って実施）

多動・衝動の傾向はないものの，**不注意の傾向**が強いという結果でした。

❖ アセスメントの総合解釈

〈検査結果から得られた認知特性等の仮説〉

　全般的知的水準は,「平均の下から平均」の範囲にあり,知的な遅れはないと推察されるものの,解釈は慎重に行う必要があります。

　認知過程の特性としては,以下のことがあげられます。

①言語で表現することや言葉を使って推理する力が強い。

②聴覚的ワーキングメモリーの弱さがある。

③注意・集中の弱さがある。

④視覚弁別力の弱さがある。

⑤常識的な因果の理解や社会規範の理解が強い。

〈実態とその背景となる認知特性等との関連〉

　お話が大好きでコミュニケーションが良好なところは,①言語で表現することや言葉を使って推理する力の強さ,⑤常識的な因果の理解や社会規範の理解の強さが関連していると推測されます。

　文末の勝手読みがあったり,みんなで読んでいる場所がわからなくなったりすることは,②聴覚的ワーキングメモリーの弱さ,③注意・集中の弱さが関連していると考えられます。

　計算のミスが多いことは,②注意・集中の弱さが関連していると思われます。

　整理整頓が苦手で,なくしものを見つけられないことは,③注意・集中の弱さ,④視覚弁別力の弱さが関連していると考えられます。

　漢字をなかなか覚えられないことは,②聴覚的ワーキングメモリーの弱さ,③注意・集中の弱さ,④視覚弁別力の弱さによるものと推測されます。

❖ 個別の指導計画例

*前期の計画，評価は前期終了時に記入する。

個別の指導計画			
氏名	H	学校	H小学校　4年○組

年間指導目標（長期目標）
❶自分に合った方略を見つけ，漢字の学習への苦手意識を軽減する。
❷学年相当の漢字を7割程度正しく書くことができる。
❸取り組んだ学習の見直しや確かめをすることができる。

	短期目標	具体的な手立てと支援	評価
通常の学級	❶自分の覚えやすい方法で，意欲的に漢字学習に取り組む。 ❷小テストで目標とする漢字を正しく書くことができる。 ❸先生の言葉がけで，学習の見直しをすることができる。	・漢字の形や構成を言葉で表現したり，意味づけをしたり，本人の得意な方法を生かした学習を取り入れる。 ・漢字テストの内容を事前に予告し，目標や練習の仕方を本人と話し合う。 ・宿題やテスト，プリントなどの見直しの時間を確保するとともに，注目すべきポイントを具体的に伝え，注意を促す。	
家庭	自分の得意な方法で漢字の家庭学習に取り組む。	・漢字の形や成り立ちを言葉で表して覚え，その覚え方をお父さんやお母さんに説明する機会をつくる。	言語理解の強さを生かし、注意・集中や聴覚的ワーキングメモリーの弱さを補います。
特別の場	❶自分に合った漢字の覚え方を知る。 ❷クラスで取り組む小テストについて対策をする。 ❸見比べる課題などで注意を向けて見たり，確かめたりすることができる。	・Hさんと覚え方を相談する。 　　形を意識しやすいよう色分けする。 　　特徴を言語化・意味づけする。 　　少ない回数を集中して書く。　等 ・目標設定や学習への取り組み方を相談する。 ・同じ図形探しなどの楽しめる活動の中で，ポイントを言葉で確認するなどのHさんに合った方法で取り組み，うまくいった経験を積めるようにする。 ※通常の学級とリンクして進めていく。	

❖ 合理的配慮の検討

【合理的配慮の観点】
〈**教育内容**〉　☑学習上又は生活上の困難を改善・克服するための配慮
　　　　　　　☑学習内容の変更・調整
〈**教育方法**〉　☑情報・コミュニケーション及び教材の配慮
　　　　　　　☑学習機会や体験の確保
　　　　　　　☑心理面・健康面の配慮

【合理的配慮の内容（必要な物品等）】
◇漢字テストの内容を事前告知する。
　　　　　　　　　　　　（②・③・④）
◇通級指導教室で使用している漢字ワークシートの使用など，漢字学習について本児の認知特性に合った方法を認める。
　　　　　　　（①・②・③・④・⑤）

【背景となる認知特性等】
①言語で表現することや言葉を使って推理する力が強い。
②聴覚的ワーキングメモリーの弱さがある。
③注意・集中の弱さがある。
④視覚弁別力の弱さがある。
⑤常識的な因果の理解や社会規範の理解が強い。

❖ 教材例

◆「漢字ワークシート」

　本人とともに漢字の特徴を言葉で表し，意味づけします。漢字は部分ごとに色分けして形を捉えやすくします。

　大きさの違うマスに，何度も書くのではなく，数回でも，しっかり注意を向けて書くように指導します。

国語の物語文読解の心情理解が苦手な子

Iさんは，文章をすらすらと読むことができるのですが，物語文に出てくる登場人物の心情理解をしようとすると，ずれた解答をしてしまうことが多いです。物語のどこが大事な部分なのかわからないため，Iさんは不安になってしまうようです。どうしたらIさんの読解を助けることができるでしょうか。

◈ 主訴

◆本　　人：国語のテストで点数をとりたい。

◆保護者：本を読んだ時の感想が他の人とずれている気がする。

◆担　　任：国語の物語を扱う授業で「わからない。」と言うことが多く心配。

◈ 実態把握

　父，母，姉，本人の4人暮らしです。お母さんは本人とよく遊んだり，わからない宿題を手伝ったりと，とても一生懸命です。お父さんは仕事が忙しく，あまり本人に関わることはありませんが，Iさんが家で遊んでいると勉強するよう厳しく言うことがあります。

〈生育歴〉

　2800ｇ出生，首の座り0：4，始歩1：0，初語1：4「いち」。

　人見知りや後追いはありました。3歳児健診の際，周りにいる人にあまり注目せず，おもちゃ遊びに没頭する姿が見られ，保育園でも一人遊びをする様子が多く見られました。

　Iさんが通う学校は，中規模校（11学級，知1，情1，通級指導教室あり）です。学級担任の先生はベテランで，Iさんの個性をよく理解してくれています。学級は38名で，みんなとても仲がよく落ち着いています。

学習面では，社会の地名や国語の漢字などをたくさん覚えています。生物や化学の図鑑を読むのも好きで，植物や星のことにも詳しいです。テストでも，ほとんどの教科で90点以上をとっています。授業中，自分から手をあげて発言することは，ほとんどありません。

　国語の文章を流暢に読むことができます。国語のテストでは，語群選択問題や抜き書きの問題に解答することができますが，自分で解答を文章化して答える問題は解答がずれることがよくあります。特に，登場人物の心情を答える問題では，文の表記そのものにこだわることがあり，気持ちの深いところまで読み込めていない様子があります。

　算数では，計算はとても速いですが，文章問題は解くのに時間がかかったり，文の意味を取り違えたりすることがあります。

　図工では，創作活動が大好きで，特に絵を描く活動は積極的に取り組んでいます。習い事でも絵に取り組んでいます。手先はとても器用で，ハサミやカッターも上手に使います。

　走る動作がぎこちない様子がありますが，体を動かすことは好きで，特に鬼ごっこやドッチボールが好きです。友達と楽しく遊びますが，低学年の頃，遊びのルールがわからず，友達と違う動きをしていたことがありました。勝ち負けには少しだけこだわりがあります。視力や聴力に問題はありません。

　学級の誰とでも仲よく接することができますが，特定の友達はいません。教室では，一人でノートに漫画や迷路を描いて，周囲の友達に見せて過ごしています。

　親から見たＩさんのよさは，とてもユニークで，やる時はやる真面目なところだということでした。担任の先生は，面白くて，クラスの友達を楽しませてくれるところだと言っていました。

❖ アセスメントの結果

〈WISC-IVの結果〉

全検査IQと指標得点は下記の通りです（WISC-IVのプロフィール分析のステップ1〜5）。

	合成得点（90%信頼区分）	記述分類
全検査IQ（FSIQ）	131（124-135）	高いから非常に高い
言語理解指標（VCI）	107（99-113）	平均から平均の上
知覚推理指標（PRI）	149（136-151）	非常に高い
ワーキングメモリー指標（WMI）	128（119-132）	平均の上から非常に高い
処理速度指標（PSI）	110（101-117）	平均から平均の上

◆指標得点間の差（WISC-IVのプロフィール分析のステップ6）からわかること

知覚推理指標は，言語理解指標，処理速度指標に比べ有意に高く，その差はまれです。また，ワーキングメモリー指標と比べても有意に高いです。このことから，**非言語による推理力，思考力，空間認知**，視覚−運動協応のいずれかが個人内でとても強いと考えられます。

◆下位検査（WISC-IVのプロフィール分析の7以降）からわかること

見本を見ながらその通りに表現したり，記号や絵を見て推理したりする課題が得意で，**視覚空間認知の強さ**や，**非言語で推理する力**がとても強いことが考えられました。

課題に取り組む際は，検査者の表情を見ながら「今の答えどうだろう」と言うなど，**不安の強さ**が多く見られました。

〈その他の検査〉　特にありません。

❖ アセスメントの総合解釈

〈検査結果から得られた認知特性等の仮説〉

　全般的知的水準は，「高いから非常に高い」範囲にあり，全般的に非常に高い能力をもっていると考えられますが，個人内差が大きいため，個人内の能力のばらつきを十分に考慮する必要があります。

　認知過程の特性としては，以下のことがあげられます。

①見たものから推理する力がとても強い。

②視覚空間認知の強さがある。

③言葉から推理したり考えたりする力が弱い。

④課題に対して不安が強い（検査時の様子から）。

〈実態とその背景となる認知特性等との関連〉

　国語の文章読解における困難さには，③言葉から推理したり考えたりする力が弱いことが関連していると推測されます。

　創作活動や絵を描くことが好きなことには，①見たものから推理する力がとても強いことや，②視覚空間認知の強さが関連していると推測されます。

　授業中の発言や友達との会話をあまりしないことには，③言葉から推理したり考えたりする力が弱いことや④課題に対して不安が強いことが関連していると推測されます。

❖ 個別の指導計画例

＊前期の計画，評価は前期終了時に記入する。

<table>
<tr><td colspan="5" align="center">個別の指導計画</td></tr>
<tr><td>氏名</td><td>Ｉ</td><td>学校</td><td colspan="2">Ｉ小学校　　６年○組</td></tr>
<tr><td colspan="5">年間指導目標（長期目標）
❶物語の登場人物の気持ちを，理由をつけて説明できる。
❷物語を読んで自分なりの感想を話し，自信をつける。</td></tr>
<tr><td colspan="2" align="center">短期目標</td><td colspan="2" align="center">具体的な手立てと支援</td><td align="center">評価</td></tr>
<tr>
<td rowspan="2">通常の学級</td>
<td>❶物語の場面ごとの登場人物の気持ちを表情カードで示すことができる。</td>
<td>・物語読解でポイントになる登場人物のセリフを抜き出し，その時の実際の表情と，心の中の表情を，表情カードで示して板書していく。
※明確に文章表記してある感情表現に捉われやすい部分を考慮し，「実際の表情」と「心の中の表情」を分けて提示する。</td>
<td rowspan="3">見て考える強さを生かし，ポイントとなる登場人物の気持ちを表情で示すことで，考えるべきことをわかりやすく示します。</td>
</tr>
<tr>
<td>❷感想を短い言葉で発表できる。</td>
<td>・あらかじめノートに考えを書いてもらい，本人と確認がとれた後，全体で当てて発表してもらうようにする。</td>
</tr>
<tr>
<td>家庭</td>
<td>毎日３行程度の短い日記を書くことができる。</td>
<td>・必ず自分が「感じたこと（感情）」を入れた文を一文書く。特別な場で発表したり，担任の先生に見てもらい，コメントをもらう。</td>
</tr>
<tr>
<td>特別の場</td>
<td>❶短い物語文を読み，思ったことを伝え合う。
❷物語の登場人物の気持ちや，自分の「今の気持ち」などを表情カードで表す。</td>
<td>・担当者と考えを交流する。どんな考えでも話せたことをほめて，自信をもてるようにする。
・言葉で表現しづらい場合は，表情カードを使用して表現してもらう。担当者がカードの絵を言葉に置き換えてＩさんに示しながら話し合う。
※学級でも表情カードを使用するため，同じものを使用し，教材の一貫性をもたせる。</td>
<td></td>
</tr>
</table>

❖ 合理的配慮の検討

【合理的配慮の観点】
〈教育内容〉 ☑学習上又は生活上の困難を改善・克服するための配慮
☑学習内容の変更・調整
〈教育方法〉 ☑情報・コミュニケーション及び教材の配慮
☑学習機会や体験の確保
☑心理面・健康面の配慮

【合理的配慮の内容（必要な物品等）】
◇本人の特性に合わせた板書，またはプリントを用意する。
（①・②・③）
◇本人の気持ちを確認してから，授業中の指名をする。（③・④）

【背景となる認知特性等】
①見たものから推理する力がとても強い。
②視覚空間認知の強さがある。
③言葉から推理したり考えたりする力が弱い。
④課題に対して不安が強い（検査時の様子から）。

❖ 教材例

◆「気持ちシート」

時系列に文中のポイントとなるセリフを配置し，「実際の表情」をセリフのそばに，「心の中の表情」を色違いのエリアに置き，同時に考えていけるようにしました。着目する部分がわかりやすくなり，また「心の中」があることで，登場人物の気持ちの深いところまで考えるようになれます。

友達にうまく話しかけることができない子

　Jさんは，口数が少なく大人しい女の子です。友達とのトラブルはありませんが，休み時間は一人でいることが多く，自分から友達に関わることが少ないです。家庭では会話はありますが，学校でのコミュニケーションを心配したお母さんが相談に来ました。そんなJさんへの支援方針を検討してみましょう。

◆ 主訴

◆本　人：友達と上手に話すことができるようになりたい。
◆保護者：学校でほとんど友達と話さない。自分から話そうとしない。
◆担　任：友達とうまく関われない。コミュニケーションがとりづらい。

◆ 実態把握

　父，母，姉，本人，弟の5人暮らしです。父は単身赴任で，姉とは年が離れているため，家庭では1歳下の弟と遊ぶことが多いです。母はパートと家事で忙しいですが，本人や弟から学校での様子を聞くことも多く，友達とうまく関われていないJさんを心配しています。

〈生育歴〉

　2600g出生，首の座り0：4，：始歩1：0，初語1：1，二語文2：0。後追いはありましたが，人見知りはありませんでした。

　健診での指摘は特に受けていません。

　保育園の頃から周囲の様子をおとなしく見ていることが多く，自分から友達に関わることは少なかったです。

　小学校入学後も，友達から誘われると遊びますが，自分のやりたいことは主張せず，常に受身的な様子が見られました。

Jさんが通う学校は大規模校（17学級，知2，情1）です。学級担任の先生はベテランの先生で，口数が少なく友達と関わろうとしないJさんが孤立しないようにと悩んでいます。学級は37名で，活発な子も多く仲のよいクラスです。

　Jさんは，授業中，指示されたことに丁寧に取り組みますが，ほとんど手をあげることはありません。先生の話はよく聞いており，テストの得点からも，全般的に大きくつまずいている教科はなさそうです。

　学習面では，音読は問題なく読み取りもできますが，登場人物の気持ちを問うような問題は苦手です。漢字はとてもよくできていて，作文は学級の中でもよく書けている方です。板書の視写はゆっくりと丁寧ですが，授業に遅れるほどではありません。計算はやや苦手で，ケアレスミスがよくあります。ただ，四則演算のやり方は理解しています。文章題を読んで立式もでき，時々間違える程度です。

　休み時間は，本を読んだり絵を描いたりして過ごします。本は高学年のものをよく読みます。自分から友達に話しかけることはありませんが，聞かれたことに「うん。」などと応えはします。同年代の多くの子が見ているアニメをよく見るのですが，母には多少話しても，友達の輪の中には入っていけません。担任の先生に対しても口数は少なく，気持ちを伝えることはありません。家庭では，しばしば冗談が受け入れられていなかったり，字義通りに受け取っていたりする様子があります。

　体育では，走り方はややぎこちなく，球技や縄跳びなどは嫌います。休み時間，友達に誘われてバドミントンをすることもありますが，ほとんど羽に当たりません。しかし，ダンスには夢中になり，家庭では気に入った動き方を一日中練習していることもあります。

　視力や聴力に問題はありません。

　親から見たJさんのよさは，真面目さや丁寧さです。好きな料理を几帳面につくったり，イラストも納得がいくまで描き直したりします。担任の先生は，話をよく聞き，何事にも一生懸命であるとのことでした。

❖ アセスメントの結果

〈WISC-Ⅳの結果〉

全検査IQと指標得点は下記の通りです（WISC-Ⅳのプロフィール分析のステップ1～5）。

	合成得点（90%信頼区分）	記述分類
全検査IQ（FSIQ）	100（95-105）	平均
言語理解指標（VCI）	95（88-103）	平均の下から平均
知覚推理指標（PRI）	100（93-107）	平均
ワーキングメモリー指標（WMI）	112（104-118）	平均から平均の上
処理速度指標（PSI）	94（87-103）	平均の下から平均

◆指標得点間の差（WISC-Ⅳのプロフィール分析のステップ6）からわかること

ワーキングメモリー指標は，他の指標に比べて有意に高いです。このことから，注意・集中，**聴覚的ワーキングメモリー**のいずれかが個人内で強いと推測されます。

◆下位検査（WISC-Ⅳのプロフィール分析の7以降）からわかること

言葉で回答する際，「えっと…。」「ん～と…，ん～…。」と言葉を探す様子がしばしば見られました。どの質問に対しても時間いっぱい考えたため，全体を通して長い時間を要しましたが，最後まで集中して取り組んでいました。

また，同じような言い回しを繰り返し使ったり，ブロックを隙間なくくっつけることに時間をかけたりする几帳面さがみられました。

〈その他の検査〉 LCSA　学齢版言語・コミュニケーション発達スケール

LCSA指数98　リテラシー指数107

口頭指示の理解13　聞き取りによる文脈の理解10　語彙知識9　文表現11

慣用句・心的語彙8　**対人文脈7　柔軟性6**　音読10　文章の読解11

音韻意識12

❖ アセスメントの総合解釈

〈検査結果から得られた認知特性等の仮説〉

　全般的知的水準は,「平均」の範囲と推定され, 知的な遅れはないと推察されるものの, 解釈は慎重に行う必要があります。

　認知過程の特性としては, 以下のことがあげられます。

　①注意・集中が高い。

　②聴覚的ワーキングメモリーの強さがある。

　③対人文脈の理解が弱い（その他の検査から）。

　④言語的な思考の柔軟性が弱い（その他の検査から）。

〈実態とその背景となる認知特性等との関連〉

　先生の話をよく聞いており, 指示されたことに応えられています。音読も問題なくでき, 作文は学級の中でもよく書けているなどの様子は, ②聴覚的ワーキングメモリーの強さが関連しているものと推測されます。

　言語理解面で遅れは見られないものの, 友達や先生にうまく話しかけることができず輪の中には入っていけないなどの様子は, ④言語的な思考の柔軟性が弱いことを背景としたコミュニケーションの困難さと推測されます。

　また, 冗談が受け入れられていなかったり, 字義通りに受け取っていたりする様子は, ③対人文脈の理解の弱さが関連していると考えられます。

　検査場面では長い時間でも集中して取り組み, 授業中も話をよく聞いている一方で, 計算にはケアレスミスが目立つ様子も聞かれたため, ①注意・集中の高さについては保留としています。

❖ 個別の指導計画例　　*前期の計画，評価は前期終了時に記入する。

個別の指導計画			
氏名	J	学校	J小学校　4年〇組

年間指導目標（長期目標）
❶友達の会話に入り，関連した話をすることができる。
❷描いたイラストを自分から友達に紹介できる。

	短期目標	具体的な手立てと支援	評価
通常の学級	❶テーマに関連した話をすることができる。 ❷担任の促しで，イラストを友達に紹介できる。	・テーマに沿った話題や出来事を交流する機会を設ける。テーマは事前に通級で伝えて発言しやすくする。 ・得意なこと等を子どもたちが交流する機会を定期的に設ける。互いに認め合える雰囲気をつくる。	
家庭	❶❷自分の好きなことを言葉で伝える機会が増える。	・本人の好きなことや考え方に対し，ニコニコするなど表情をつくりながら「面白い！」「楽しい！」などと伝える。	
特別の場	❶テーマに関連した言葉を想起し，相手にも伝えることができる。 ❷自分の描いたイラストを相手に楽しく紹介できる。	・テーマに沿って言葉の連想を広げ，出てきた言葉をヒントで相手に伝え合うゲームを行う（「テーマ de ヒントゲーム」）。 ・好きなアニメのキャラクターなどを絵に描かせ，面白さや楽しさなど，観点に基づいて説明を促す。 ※通常の学級とリンクして進めていく。	テーマを決めたり，興味関心を活用したりすることで，スムーズに表現できるよう工夫します。

❖ 合理的配慮の検討

【合理的配慮の観点】

〈教育内容〉 ☑学習上又は生活上の困難を改善・克服するための配慮

　　　　　　□学習内容の変更・調整

〈教育方法〉 ☑情報・コミュニケーション及び教材の配慮

　　　　　　☑学習機会や体験の確保

　　　　　　☑心理面・健康面の配慮

【合理的配慮の内容（必要な物品等）】

◇通級とテーマを共有し，発言しやすくする。　　　　　（②・③・④）

◇通級と連携し，担任に対しても，感情語彙の表出が増えるよう促す。
　　　　　　　　　　　　　　（③・④）

【背景となる認知特性等】

①注意・集中が高い。

②聴覚的ワーキングメモリーの強さがある。

③対人文脈の理解が弱い（その他の検査から）。

④言語的な思考の柔軟性が弱い（その他の検査から）。

❖ 教材例

◆「テーマ de ヒントゲーム」

　テーマで連想した言葉を交代であげ，シートに記入します。出てきた言葉を，ヒントで相手に伝え合い，「ビンゴゲーム」等と組み合わせます。

友達との関係で悩み，
不安から登校しぶりが出てきた子

Kさんは，学習は問題ありませんが，友達との関係で悩むことが多いようです。友達に対する声かけの些細な失敗を気にして落ち込むなど，不安が強まって登校しぶりも見られてきており，お母さんも心配しています。そんなKさんへの支援方針を検討してみましょう。

◆ 主訴

◆本　　人：友達関係で悩むことがある。自分の行動にブレーキがきかない。
◆保護者：友達への些細な声かけの失敗を気にし，眠れないことがある。
◆担　　任：登校をしぶっていることを母から聞き，心配している。

◆ 実態把握

　父，母，兄，本人，弟の5人暮らしです。お父さんは仕事が忙しく，休みの日に遊んでくれることもありますが，家のことはほぼお母さんに任せています。Kさんは家庭でも興奮して大声になり，兄や弟に「うるさい！」と指摘を受けて落ち込むことがあります。お母さんはKさんのことを心配しています。

〈生育歴〉

　3000g出生，首の座り0：4，始歩0：11，初語1：2「パン」。

　人見知りはありませんでした。2歳で弟が生まれると母から離れるようになり，夜はDVDを自分で操作して寝つきませんでした。数字への関心が非常に強かったです。3歳児健診で多動傾向を指摘され，療育を勧められましたが，弟がまだ小さかったため連れて行けませんでした。

　保育園では友達と遊ばずマイペースで，行きも帰りも泣き叫んでいました。

Kさんが通う学校は小規模校（9学級，知1，情1，肢体1）で，学級は21名です。学級担任の先生はベテランで，Kさんに何かできることはないか一生懸命考えてくれています。

　授業中はよく挙手をして発言し，先生の話も聞きますが，おしゃべりが過ぎることもあります。

　国語，算数の成績は良好で，全般的につまずきは見られません。テストはほとんど100点をとってきます。たまに間違いがあると，「周りみんな100点じゃなかった。」などと言い訳をします。少しでもわからない問題があると，悔し泣きをしたり，イライラしたりします。間違えるととても落ち込み，誤ることが嫌な様子です。

　物知りでよくしゃべりますが会話が一方的になりやすく，状況や文脈から察することはできません。トラブル時の互いの言い分の食い違いは毎回のようにあり，徒競走では勝った相手に「私の方が速かったけどごめんね。」などと悪気なく言ってしまいます。時に先生に対しても「くそっ！」と口が悪くなってしまい，後になって失敗に気づきます。給食時などにみんなでおしゃべりをしているとテンションが高くなり，悪乗りしてさらに大声になったり騒がしくなったりして注意されます。ついカッとなって友達につらく当たってしまい，先生に叱られますが，理由がわからずポカンとしていることもしばしばあります。一方で，寝る前に失敗を思い出して眠れなくなることも多いです。目の前の活動に夢中になると，時間になって声をかけられてもなかなか終わることができません。

　視力，聴力に問題はありません。運動は苦手です。工作は雑で，パパッと短時間で完成させて終わらせます。

　数字にこだわり，計算が好きです。トランプや輪投げなど，ゲームをすぐに得点化して暗算で勝敗をつけたり，負けそうになると途中でも自分が勝つように点数を変更したりします。

　学校での失敗を翌朝まで引きずり，登校をしぶる様子も見られるようになってきました。

❖ アセスメントの結果

〈WISC-Ⅳの結果〉

全検査 IQ と指標得点は下記の通りです（WISC-Ⅳのプロフィール分析の
ステップ１～５）。

	合成得点（90%信頼区分）	記述分類
全検査 IQ（FSIQ）	133（126-137）	高いから非常に高い
言語理解指標（VCI）	143（132-146）	非常に高い
知覚推理指標（PRI）	118（109-123）	平均から高い
ワーキングメモリー指標（WMI）	115（107-120）	平均から高い
処理速度指標（PSI）	118（108-123）	平均から高い

◆指標得点間の差（WISC-Ⅳのプロフィール分析のステップ６）からわかること

言語理解指標が他の指標に比べ有意に高く，またその差はまれです。この
ことから，言語概念形成，**言語による推理力，思考力**，**言語による習得知識**
のいずれかが個人内でとても強いと推測されます。

◆下位検査（WISC-Ⅳのプロフィール分析の７以降）からわかること

即答が多く出し抜けの回答もしばしばみられました。「できた。」と言った
後に自己修正をしたり，教示を待てずに図版をめくったりする様子も多く，
正答にこだわり，問題が終わった後に回答をもう一度見ようとしたり，検査
者の記録を気にしたりする様子もしばしばみられました。また，制限時間に
なっても「待って……。」と言い，終了を促しても続ける様子がありました。

〈その他の検査〉　LCSA　学齢版言語・コミュニケーション発達スケール

LCSA 指数114　リテラシー指数112

口頭指示の理解11　聞き取りによる文脈の理解11　語彙知識14　文表現14

慣用句・心的語彙15　**対人文脈６**　柔軟性11　音読14　文章の読解11

音韻意識11

❖ アセスメントの総合解釈

〈検査結果から得られた認知特性等の仮説〉

　全般的知的水準は，「高いから非常に高い」の範囲にありますが，指標得点間の差が大きく幅をもって考える必要があります。

　認知過程の特性としては，以下のことがあげられます。

①言語で表現することや言葉を使って推理する力が強い。

②言語による習得知識が豊富である。

③対人文脈の理解が弱い（その他の検査から）。

④衝動性がある（検査中の様子から）。

⑤切り替えが弱い（検査中の様子から）。

〈実態とその背景となる認知特性等との関連〉

　学習成績が良好でテストはほとんど100点，授業中もよく挙手する，物知りでよくしゃべることなどには，①言語で表現することや言葉を使って推理する力が強いこと，②言語による習得知識が豊富であることが関連していると推測されます。

　会話が一方的になりやすく状況や文脈から察することができない，叱られた理由がわからないなどには，③対人文脈の理解が弱いことが関連していると推測されます。

　おしゃべりやついカッとなってしまう言動などには，④衝動性が関連していると推測されます。

　失敗を思い出して眠れなくなる，活動に夢中になると声をかけられても終われない，数字へのこだわりなどは，⑤切り替えの弱さによるものと考えられます。

❖ 個別の指導計画例

※前期の計画，評価は前期終了時に記入する。

個別の指導計画			
氏名	K	学校	K小学校　4年○組

年間指導目標（長期目標）
❶自他の捉え方の違いに気づき，声のかけ方を考えることができる。
❷その日のうちに不安を相談し，気持ちを切り替えることができる。

	短期目標	具体的な手立てと支援	評価
通常の学級	❶先生の援助を受けながら，相手との捉え方の違いに気づくことができる。❷先生の促しを受け，学校での不安を相談できる。	・互いの言い分を聞き取りながら「他者視点表」に整理し，同じ言動に対する他者との捉え方の違いに気づかせる。・個別に話を聞く機会を設け，不安があれば下校前に解消させてから帰る。	
家庭	❷ネガティブな気持ちをポジティブに切り替える。	・「大丈夫」「ま，いっか」「いいことあるさ」などの肯定的な切り替え言葉を意図的に用い，モデルを示す。	
特別の場	❶相手の見ているもの，考えていることを確認する声かけができる。❷自分の失敗や不安を振り返ることができる。	・言葉のやり取りのみで間違い探しに取り組む。相手の見ているものを確認したり，相手に自分と同じものを見る促しをしたりする声かけのモデルを示す。・Kさんの発言を受け，出来事を相関表にしたり，感情語彙の表などを参照させたりしながら，見てわかりやすいように整理する。※通常の学級とリンクして進めていく。	

対人文脈の理解の弱さを、視覚情報で補ったり、ゲームで動機づけしたりする工夫をします。

❖ 合理的配慮の検討

【合理的配慮の観点】
〈教育内容〉 ☑学習上又は生活上の困難を改善・克服するための配慮
　　　　　　□学習内容の変更・調整
〈教育方法〉 ☑情報・コミュニケーション及び教材の配慮
　　　　　　☑学習機会や体験の確保
　　　　　　☑心理面・健康面の配慮

【合理的配慮の内容（必要な物品等）】
◇互いの言い分を聞き取りながら「他者視点表」に整理する。
　　　　　　　　　　　　（①・③）
◇個別に話を聞く機会を設け，不安があれば下校前に解消させてから帰す。　　　　（①・③・⑤）

【背景となる認知特性等】
①言語で表現することや言葉を使って推理する力が強い。
②言語による習得知識が豊富である。
③対人文脈の理解が弱い（その他の検査から）。
④衝動性がある（検査中の様子から）。
⑤切り替えが弱い（検査中の様子から）。

❖ 教材例

◆「他者視点表」

　事実と，互いの意図や感情を分けて聞き取り，表に整理します。同じ事実でも受け止め方に違いがあることに気づかせることが重要です。

Kの視点から記述	事　　実	相手の視点から記述
・事実に対して思ったこと，感じたこと ・相手に対して伝えたかったこと，思ったこと	・その場の状況 ・その場で起こったこと ☆双方が認める事実	・事実に対して思ったこと，感じたこと ・相手に対して伝えたかったこと，思ったこと

気持ちのコントロールができず，手が出てしまう子

Lさんは，友達が大好きで，関わりを楽しみにしていますが，ドッジボールなどで遊んでいると，気持ちが高ぶってしまい，友達へつめよってしまうことがありました。また，嫌なことがあると手が出てしまったり，プイっといなくなったりすることがありました。そんなLさんへの支援方針を検討してみましょう。

❖ 主訴

◆本　　人：けんかをしないようになりたい。
◆保護者：友達に手が出ないようになってほしい。
◆担　　任：正直に素直に話してほしい。落ち着いて生活してほしい。

❖ 実態把握

　父，母，本人，弟（同校2年生），妹（3歳）の5人暮らしです。両親ともに介護の仕事をしており，夜勤等もあります。お父さんは，授業参観などの学校行事にも時間を見つけて参加してくれます。しかし，時にLさんに強く当たってしまい，子どものけんかのようになってしまうことがあるようです。お母さんは，本人との関わりを悩んでおり，学校で開催される子育てに関わる学習会等にも参加し，熱心です。

〈生育歴〉

　3814g出生（帝王切開），首の座り0：2，始歩1：2，初語1：0「ぶーぶ」。

　人見知りはありませんでした。3歳児健診で言葉の遅れの指摘がありましたが，幼稚園のプレ入園などで言葉が出てくるだろうから様子を見るように言われました。幼稚園では，体格が大きいものの，行動が幼く，いつもニコニコしており，みんなから可愛がられる存在でした。

Lさんが通う学校は，大規模校（24学級）です。校内に通級指導教室があります。学級担任の先生は，教職経験5年目の先生で，休み時間は子どもと一緒に外で元気いっぱいに遊んでいました。Lさんに対しても，理解があり，日々どう接すればよいかを周りの先生にもよく相談していました。学級は31名で，Lさんのことをよく理解し，困ったことがあると自然とフォローしてくれる学級集団でした。

　学習全般では困りがありませんでした。テストでも8割以上はコンスタントに取れます。特に算数には自信をもっていました。リコーダーは苦手で，なかなか取り組みたがりませんでした。作文などで自分の考えを求められるものにも苦手意識をもっており，なかなか取り組めずに時間が過ぎ，宿題となってしまうことがありました。それでもできなくて，次の日に学校を休むということがよくありました。

　サッカースポーツ少年団に所属していて，休み時間も少年団の友達とグラウンドで体を動かして遊んで過ごすことが多かったです。

　高学年になってくると，女子との関わりでトラブルになることが多くなり，指摘されたり，何かをするよう言われたりすることがきっかけとなり，腹を立てて，物を投げたり，手を出したりすることが多くなりました。落ち着いている時は，ニコニコしていて穏やかですが，一度感情が高ぶってしまうとなかなか落ち着くことができませんでした。少し落ち着いた状況で話を聞いても，何が嫌だったのかなどを説明することも難しく，「むかつく。むかつく。」と繰り返すだけでした。

　一度決められたルールはしっかりと守り，友達や先生にもそれを求めていました。ルールを守らない（コロナ感染症拡大防止のために黙食を求められているが，給食中にしゃべるなど）友達がいることに腹を立てていることもありました。地震による被害のニュースが多く出るようになると，過去の地震の傾向や今後予測される地震について調べたりすることがありました。パソコンを使ってものを調べることが得意で，タイピングも上手にできました。

❖ アセスメントの結果

〈WISC-Ⅳの結果〉

　全検査IQと指標得点は下記の通りです（WISC-Ⅳのプロフィール分析の
ステップ1～5）。

	合成得点（90%信頼区分）	記述分類
全検査IQ（FSIQ）	90（85-96）	平均の下から平均
言語理解指標（VCI）	76（71-86）	低いから平均の下
知覚推理指標（PRI）	106（98-113）	平均から平均の上
ワーキングメモリー指標（WMI）	103（96-109）	平均
処理速度指標（PSI）	88（82-98）	平均の下から平均

◆指標得点間の差（WISC-Ⅳのプロフィール分析のステップ6）からわかること

　言語理解指標は，知覚推理指標，ワーキングメモリー指標に比べ有意に低
く，その差はまれです。また，処理速度指標に比べ有意に低いです。このこ
とから，言語概念形成，**言語による推理力，思考力**，言語による習得知識の
いずれかが個人内で弱いと考えられます。処理速度指標は，知覚推理指標，
ワーキングメモリー指標に比べ有意に低いです。このことから，視覚刺激を
速く正確に処理する力，注意，動機づけ，視覚的短期記憶，筆記技能，視覚
－運動協応のいずれかが個人内で弱いと考えられます。

◆下位検査（WISC-Ⅳのプロフィール分析の7以降）からわかること

　言葉で表現する課題では，「なんと言ってよいか……わからない。」と言う
など，**言語表現力の弱さ**が見られました。「あってる？」と何度も繰り返し
尋ね，**不安の強さ**が見られました。

〈その他の検査〉

ソーシャルスキル尺度（『特別支援教育実践ソーシャルスキルマニュアル』）

　集団行動10　**セルフコントロールスキル7**

　仲間関係スキル8　**コミュニケーションスキル6**　　※担任による評価

❖ アセスメントの総合解釈

〈検査結果から得られた認知特性等の仮説〉

全般的知的水準は,「平均の下から平均」の範囲にあり,知的な遅れはないと推察されるものの,解釈は慎重に行う必要があります。

認知過程の特性としては,以下のことがあげられます。

①言葉を使って推理する力が弱い。

②見たものから推理する力が強い。

③視覚−運動協応の弱さがある。

④言葉で表現する力が弱い。

⑤不安が強い。

⑥セルフコントロールの弱さがある（その他の検査から）。

⑦コミュニケーションスキルが不十分である（その他の検査から）。

〈実態とその背景となる認知特性等との関連〉

作文の困難さには,①言葉を使って推理する力が弱いことや④言葉で表現する力が弱いこと,⑤不安が強いことが関連していると推測されます。

感情のコントロールの困難さは,①言葉を使って推理する力が弱いことや④言葉で表現する力が弱いこと,⑤不安が強いこと,⑥セルフコントロールの弱さ,⑦コミュニケーションスキルの不十分さによるものと推測されます。

算数が得意であることには,②見たものから推理する力が強いことが関連していると推測されます。

不器用さは,③視覚−運動協応の弱さによるものと推測されます。

❖ **個別の指導計画例**　＊前期の計画，評価は前期終了時に記入する。

個別の指導計画				
氏名	L	学校	L 小学校　　5年○組	

年間指導目標（長期目標）
❶自分の気持ちを言葉で表現できる。
❷気持ちが落ち着かない時に，場所を変えて気持ちを落ち着けることができる。

	短期目標	具体的な手立てと支援	評価
通常の学級	❶トラブルが起こった時の自分の思いを先生からの援助を受けながら言葉で表現することができる。 ❷先生からの促しで，クールダウンすることができる。	・トラブルが起こった時に，友達や本人の言動をイラストなどで図示し，状況理解を促す。 ・その時の本人の思いを「悔しかったね。」「言われて腹が立ったんだね。」「うまく説明できなくて困ったね。」などと翻訳して伝える。 ・クールダウンエリアを決めておき，そこで落ち着く時間を確保する。そこで気持ちを落ち着けられたことをほめる。	見たものから推理する力の強さを生かし、言語表現の弱さを補う工夫をします。
家庭	・学校での出来事などでよかったことに焦点を当て，その時の話をする。	・担任の先生と連携し，学校でのよかったことを聞いておく。肯定的に出来事を伝え，「楽しかったね。」「嬉しかったね。」などと気持ちを共有する。	
特別の場	❶様々な気持ちの言葉を知り，出来事に合った気持ちの言葉を表現することができる。 ❷気持ちが落ち着く方法を先生と一緒に考えることができる。	・友達や先生と一緒にエピソードを話し，それに合った気持ちの言葉を，気持ちの言葉一覧から選択させる。モデルを示しながら，気持ちを言葉で表現するよう促す。 ・深呼吸をする，好きなもののことを考える，運動するなどの方法を試させ，本人ができそうなことを決めていく。	

❖ 合理的配慮の検討

【合理的配慮の観点】
〈教育内容〉 ☑学習上又は生活上の困難を改善・克服するための配慮
　　　　　　 ☐学習内容の変更・調整
〈教育方法〉 ☑情報・コミュニケーション及び教材の配慮
　　　　　　 ☐学習機会や体験の確保
　　　　　　 ☑心理面・健康面の配慮

【合理的配慮の内容（必要な物品等）】
◇気持ちが落ち着かない時に，クールダウンエリアを活用させる。
　　　　　　　　　　（④・⑤・⑥・⑦）
◇友達とトラブルになった時には，メモ帳などを活用して，状況を視覚的に提示する。
　　　　　　　　（①・②・④・⑥・⑦）
◇課題の提出を求める時に，期日までに課題が完成できなかった場合，期限を延長する。
　　　　　　　　　　（③・④・⑤・⑦）

【背景となる認知特性等】
①言葉を使って推理する力が弱い。
②見たものから推理する力が強い。
③視覚－運動協応の弱さがある。
④言葉で表現する力が弱い。
⑤不安が強い。
⑥セルフコントロールの弱さがある（その他の検査から）。
⑦コミュニケーションスキルが不十分である（その他の検査から）。

❖ 教材例

◆「気持ちビンゴ」

　ビンゴのマスに気持ちの言葉を記入し，順番に「気持ちの言葉」とその気持ちになった時のエピソードを話します。他の人が話した気持ちの言葉が自分のマスにあった時にも○で囲んで，ビンゴゲームを楽しみます。気持ちの言葉一覧などを手元に置いておくとよいでしょう。

気持ちビンゴ		
楽しい	くやしい	うれしい
はらがたつ	かなしい	しあわせ
ドキドキ	さびしい	こわい

読み書きに自信のない子

Mさんは漢字の読み書きが苦手で，家庭学習をしてテストに臨んでもうまくいかないことが小学生から続いています。前向きに楽しく学校生活を送っていますが，読み書きが伴う学習には自信をなくしており，本人も何とかしたいと思っています。そんなMさんへの支援方針を検討してみましょう。

❖ 主訴

- ◆本　人：テストやプリントにもう少し書けるようになりたい。
- ◆保護者：漢字が読めず，問題などの意味がわからないことが多いので，勉強のさせ方に困っている。
- ◆担　任：国語を中心として，学習全般が心配である。

❖ 実態把握

　父，母，本人，弟（5歳）との4人暮らしです。父母は農業を営んでおり，農繁期は大変忙しく，本人は弟の面倒をよく見ています。弟とは，一緒に動画を見ることが多いです。

〈生育歴〉

　2850g出生，首の座り0：3，始歩1：2，初語1：4「まんま」。

　初語以降の言葉の広がりは遅く，言葉のキャッチボールが困難でした。とても神経質で，保育園入園直後は園の生活に慣れるのに時間がかかりました。しかし，保育園から小学校時代を通じて言語障害通級指導教室に通って支援を受けることにより，言葉の広がりが見られ，精神的に安定してきました。

Mさんが通う中学校は，小規模校（3学級，難聴1）です。難聴学級の担当者が校内支援の中心を担っています。担任の先生は，Mさんの特徴を理解し，Mさんを含めたクラス全員が，学級の中でそれぞれの役割を果たせるような雰囲気づくりを心がけています。Mさんの学級は22名で，学年1学級なので，クラス替えもなく保育園からずっと同じ集団です。Mさんは，友達や先生と話す時に言葉がうまく出てこないこともあるので，からかわれることもあります。しかし，ほとんどの場面では，Mさんの温和な性格を理解して，温かく待つことができる学級です。

　国語では，自分で読んで内容を理解することが難しく，誰かに読んでもらうと理解しやすいようです。視写はおおむねできますが，聴いたことをノートに取る場合には，文字を思い出すことに時間がかかったり，思い出せなかったりすることもあるようです。授業の最後に書く振り返りシートや，道徳などの自由記述欄には，時間いっぱい頑張っても1～2行しか書けません。漢字の読み書きは，小学校低学年のものでも難しいものがあります。

　英語は，ノートを自分なりにきれいに取ろうと努力していますが，毎週ある英単語テストではほとんど書くことができません。英単語を覚えることに苦労しているようです。

　数学は，小学校段階からつまずきがあり，文章題には特に苦手意識が強いです。円などの作図は手順がわかれば正確に書くことができます。

　手先が器用で，やり方の順番の写真や設計図を見て，技術の作品や家庭科の縫い物等を細部まで丁寧に仕上げることができます。美術では，対象物を見てデッサンするのが上手で，写実的な絵を描くことも得意です。「絵がうまいね。」と友達にもよくほめられます。

　担任の先生はMさんのよいところは「できることは一生懸命頑張ろうとするところ。」，お父さんとお母さんは「穏やかで弟の面倒見がいいところ。」だと言います。

❖ アセスメントの結果

〈WISC-Ⅳの結果〉

全検査 IQ と指標得点は下記の通りです（WISC-Ⅳのプロフィール分析の
ステップ１～５）。

	合成得点（90%信頼区分）	記述分類
全検査 IQ（FSIQ）	105（99-110）	平均から平均の上
言語理解指標（VCI）	88（82-96）	平均の下から平均
知覚推理指標（PRI）	120（111-125）	平均の上から高い
ワーキングメモリー指標（WMI）	91（85-99）	平均の下から平均
処理速度指標（PSI）	115（105-121）	平均から高い

◆指標得点間の差（WISC-Ⅳのプロフィール分析のステップ６）からわかること

言語理解指標及びワーキングメモリー指標は，知覚推理指標，処理速度指
標に比べ，有意に低く，その差はまれです。このことから，**言語概念形成**，
言語による推理力，思考力，**言語による習得知識**，聴覚的ワーキングメモリ
ー，注意・集中のいずれかがとても弱いと考えられます。

一方，知覚推理指標及び処理速度指標は，言語理解指標，ワーキングメモ
リー指標に比べ有意に高く，またその差はまれです。このことから**非言語に
よる推理力，思考力**，**空間認知**，**視覚刺激を速く正確に処理する力**，注意，
動機づけ，視覚的短期記憶，筆記技能のいずれかがとても強いと考えられま
す。

◆下位検査（WISC-Ⅳのプロフィール分析の７以降）からわかること

言葉で解答しなければならない課題では，言葉がすぐに出てこず，手振り
身振りで説明しようとすることがあり，語想起の弱さがうかがえました。

〈その他の検査〉　特にありません。

❖ アセスメントの総合解釈

〈検査結果から得られた認知特性等の仮説〉

　全般的知的水準は「平均から平均の上」の範囲にありますが，指標得点間に有意差が見られるため，解釈は慎重に行う必要があります。

　認知過程の特性としては，以下のことがあげられます。

　①言語概念形成，言語による推理力，思考力，言語による習得知識が弱い。

　②非言語による推理力，思考力が強い。

　③空間認知の力が強い。

　④視覚情報を速く正確に処理する力が強い。

　⑤語想起の弱さがある（検査時の様子から）。

〈実態とその背景となる認知特性等との関連〉

　読みの困難さや振り返りシートなどを書くことの困難さには，①言語概念形成，言語による推理力，思考力，言語による習得知識が弱いことが関連していると推測されます。特に，書くことの困難さには，読みの困難に加え，⑤語想起の弱さも関わっていると考えられます。

　設計図や手順の写真を見て作成することや，絵を描くことが得意だということには，②非言語による推理力，思考力の強さや③空間認知の力の強さ，④視覚情報を速く正確に処理する力が強いことが関連していると推測されます。

❖ **個別の指導計画例**　　＊前期の計画，評価は前期終了時に記入する。

個別の指導計画

氏名	M		学校	M中学校　　1年○組

年間指導目標（長期目標）
❶テストの記号問題などの設問を読んで，答えることができる。
❷自分の考えをまとめた短い文章を書くことができる。

	短期目標	具体的な手立てと支援	評価
通常の学級	❶詩や俳句，短歌などの短い文を読んで内容を理解することができる。 ❷振り返りシートを授業時間内に書き終えることができる。	・特別な場でMさんが描いた絵や図を，Mさんと相談しながら授業で用いる。 ・振り返りシートを書く時に，困ったら入れるとよいキーワードを教師が板書する。 ・「使える！言葉シート」を見ながら書いてよいことを伝える。 ・わからない言葉をタブレット端末で調べ，見て書き写しながら，振り返りシートを書くよう伝える。	
家庭	❶弟に絵本の読み聞かせをする。	・弟に絵本の読み聞かせをする場面をつくる。 ・わからない言葉をタブレット端末やスマートフォンで調べさせる。	非言語による推理力，思考力が強いことを生かし，言語表現の弱さを補います。
特別の場	❶教科書の詩を読んで内容を絵で表すことができる。 ❶絵本の読み聞かせの練習をする。 ❷好きな動画についての感想を書くことができる。	・教師と話しながら，教科書の詩を絵や図にする。 ・弟に読んであげたい本を学校の図書館で一緒に選び，読む練習をさせる。 ・振り返りシートに記入するための，「使える！言葉シート」を見ながら書く練習をさせる。	

❖ 合理的配慮の検討

【合理的配慮の観点】

〈教育内容〉　☑学習上又は生活上の困難を改善・克服するための配慮
　　　　　　　☑学習内容の変更・調整
〈教育方法〉　☑情報・コミュニケーション及び教材の配慮
　　　　　　　☑学習機会や体験の確保
　　　　　　　☐心理面・健康面の配慮

【合理的配慮の内容（必要な物品等）】

◇振り返りシートを書く際に、「使える！言葉シート」を見ながら書く。　　　　　　　（①・④・⑤）
◇わからない言葉をタブレット端末で調べ、見て書き写してもよいことにする。　　　　（①・④・⑤）

【背景となる認知特性等】

①言語概念形成，言語による推理力，思考力，言語による習得知識が弱い。
②非言語による推理力，思考力が強い。
③空間認知の力が強い。
④視覚情報を速く正確に処理する力が強い。
⑤語想起の弱さがある（検査時の様子から）。

❖ 教材例

◆ 「使える！言葉シート」

　授業の振り返りシートを書く時に、ヒントになる言葉を表にしたものをMさんに渡しておきます。気持ちについては、特別な場でMさんと相談して、授業中に感じることの多い気持ちを書き出しました。教科ごとに自分の考えをまとめて書くための力をつけることを目指した教材です。

黒板をノートに書き写すことが できない子

Nさんは授業中に黒板に書かれたことをノートに書き写すことができません。また，テストでも答えを書かずに白紙で提出することがありました。母親と担任は，このまま通常の学級で学習をすすめてよいのか心配しています。そんなNさんへの支援方針を検討してみましょう。

❖ 主訴

◆本　　人：テストで少しでもいい点数が取りたい。
◆保護者：高得点は望まないが，せめてテストに何か書いて提出してほしい。
◆担　　任：学習の遅れから，特別支援学級を検討した方がよいのではないか。

❖ 実態把握

　父，母，本人，妹の4人暮らしです。普段の勉強は母が様子をみています。母は授業でノートをとれていないことを心配しており，Nさんに強く当たってしまうことがあります。父は母とは対照的におおらかで，「自分もそうだったから心配するな。」と話しており，母と意見が合わないことがあります。

〈生育歴〉

　3089g出生，首の座り0：4，始歩1：0，初語1：0「ブーブー」。
　人見知りや後追いはありました。幼児期は3年保育の幼稚園に通っていました。特に大きなトラブルはありませんでしたが，集団活動の中でもマイペースに一人で過ごしていることが多かったそうです。10歳の時に妹が誕生しました。その妹との関係は良好で，妹には優しく接しています。

Nさんが通う学校は，中規模校（10学級，知1，情1）です。学級担任の先生は，若くて元気のある先生で，もの静かなNさんが孤立しないように配慮をしてくれています。学級は38名です。Nさんは輪の中心にいるタイプではなく，話し合いなどの集団活動では孤立しがちなところがありました。

　授業中は，自分から発言することはまずありません。一見話を聞いているように見えますが，手元にあるノートには黒板に書いてあることをほとんど書き写す様子はありません。単元ごとのテストは，入学当初は数問ほど書いていましたが，1学期の途中からほぼ白紙で提出することが増えてきました。道徳などの授業の感想シートには，1～2行ほどの短い文で感想を書いていました。

　授業中，指名されて発言を求められると，何も答えずに沈黙してしまうことがしばしばあります。担任の先生が個別相談の際に問いかけると，うなずきや首をふるなどして返答することはできますが，言葉がなかなか出てこず，限られた時間では話し合いが深まりません。

　学習は全般的に苦手ですが，特につまずきが大きいのは国語と英語です。漢字のミニテストはほぼ白紙で出すことが多いようです。個別に教科担当の先生とテストに取り組むと，漢字を書くことはできませんが，読みの問題は口頭で正しく答えることができました。英単語のミニテストでは，one やdog のように綴りの短い単語は書くことができますが，綴りが長い単語になると書くことをあきらめてしまうことが多いようです。一方，単語の読み方やその意味は理解しているようです。

　移動教室や道具の準備などの全体指示がある時は，まわりの人の動きを見ながら行っているようで，他の人よりも準備に時間がかかり，一人だけ遅れてしまうことがあります。

　クラスの中には，ゲームの趣味が合う友達がいて，その話題の時には流暢に話すことができます。

❖ アセスメントの結果

〈WISC-Ⅳの結果〉

全検査IQと指標得点は下記の通りです（WISC-Ⅳのプロフィール分析のステップ1～5）。

	合成得点（90%信頼区分）	記述分類
全検査IQ（FSIQ）	81（77-87）	低いから平均の下
言語理解指標（VCI）	103（96-110）	平均から平均の上
知覚推理指標（PRI）	80（75-89）	低いから平均の下
ワーキングメモリー指標（WMI）	79（74-88）	低いから平均の下
処理速度指標（PSI）	70（66-82）	非常に低いから平均の下

◆指標得点間の差（WISC-Ⅳのプロフィール分析のステップ6）からわかること

言語理解指標は，知覚推理指標，ワーキングメモリー指標，処理速度指標に比べ有意に高く，またその差はまれです。このことから，**言語概念形成**，**言語による推理力，思考力**，言語による習得知識のいずれかが個人内でとても強いと考えられます。

知覚推理指標，ワーキングメモリー指標，処理速度指標は，言語理解指標に比べ有意に低く，その差はまれです。このことから，非言語による推理力，思考力，**空間認知**，**聴覚的ワーキングメモリー**，注意・集中，**視覚刺激を速く正確に処理する力**，注意，動機づけ，**視覚的短期記憶**，**視覚－運動協応**のいずれかが個人内でとても弱いと考えられます。

◆下位検査（WISC-Ⅳのプロフィール分析の7以降）からわかること

課題には集中して取り組んでおり，取り組みの姿勢には問題は見られませんでした。ただ，検査全体を通して，教示から回答をするまでに時間を要したり，制限時間に間に合わなかったりすることがしばしばありました。

〈その他の検査〉　特にありません。

❖ アセスメントの総合解釈

〈検査結果から得られた認知特性等の仮説〉

　全般的知的水準は、「低いから平均の下」の範囲にあり、知的な遅れはないと推察されるものの、解釈は慎重に行う必要があります。

　認知過程の特性としては、以下のことがあげられます。

①言葉が意味する内容や性質を考える力が強い。

②空間認知の弱さがある。

③聴覚的ワーキングメモリーの弱さがある。

④視覚的短期記憶の弱さがある。

⑤視覚－運動協応の弱さがある。

⑥視覚刺激を速く正確に処理する力に弱さがある。

⑦言語化や行動に時間がかかる（検査時の様子から）。

〈実態とその背景となる認知特性等との関連〉

　ノートを取ることができなかったり、漢字や英単語のテストで書くことができなかったりする書きの困難さは、②空間認知の弱さ、④視覚的短期記憶の弱さや、⑤視覚－運動協応の弱さによるものと推測されます。

　集団に対する指示で遅れて行動してしまうことは、③聴覚的ワーキングメモリーの弱さ、⑥視覚刺激を速く正確に処理する力の弱さによるものと推測されます。

　漢字や英単語の読みや意味の理解、また、友達と好きな話題で交流できることには、①言葉が意味する内容や性質を考える力の強さが関連していると推測されます。

　授業中に発言できなかったり、先生との相談の中でなかなか言葉が出てこなかったりすることは、⑦言語化や行動に時間がかかることが背景にあると推測されます。

❖ **個別の指導計画例**　＊前期の計画，評価は前期終了時に記入する。

個別の指導計画			
氏名	N	学校	N中学校　　１年○組

年間指導目標（長期目標）
❶書くことに対する苦手意識を軽減し，テストに回答を記入することができる。
❷漢字や英単語のミニテストで，５割の得点をとることができる。
❸各教科の学習内容を読んで理解することができる。

	短期目標	具体的な手立てと支援	評価
通常の学級	❶テストやワークシートで，ひらがなで回答を書くことができる。 ❷事前に予告された漢字や英単語の半数程度をミニテストで正しく書くことができる。 ❸板書のキーワードをノートに写すことができる。	・テストやワークシートで記入する際には，ひらがなで書くことを極力認める。 ・事前にミニテストに出題される漢字や英単語を伝えておく。その中で，書くことができそうな漢字や英単語を本人に選択させる。 ・黒板の中で，本人がノートに書き写すべきキーワードを色分けする。黒板に書かれていることを読んだり，話を聞いたりして学習内容を理解することに集中させる。	
家庭	❸教科書やワークを読んで学習することができる。	・学習に取り組む教材は，できるだけ書く量が少なく，わかりやすいものを本人に選択させる。	
特別の場	❶テストの回答の仕方を学ぶ。 ❷ミニテストで出題される漢字や英単語を正しく書くことができる。 ❸普段使っている教材を読んで理解することができる。	・テストの形式を模した練習を行い，漢字がわからなくても，ひらがなで回答できるよう確認する。 ・本人が書くことができそうな漢字や英単語を一緒に選択し，練習する。 ・日頃の学習で使っている教科書やワークで，読んでもわからないところの内容を一緒に確認する。 ※通常の学級とリンクして進めていく。	書きへの負担は極力配慮します。言語理解の強さを生かし，まずは「理解すること」を重視します。

❖ 合理的配慮の検討

【合理的配慮の観点】

〈教育内容〉 ☑学習上又は生活上の困難を改善・克服するための配慮

☑学習内容の変更・調整

〈教育方法〉 ☑情報・コミュニケーション及び教材の配慮

☑学習機会や体験の確保

☑心理面・健康面の配慮

【合理的配慮の内容（必要な物品等）】

◇板書を取る際は書く量を制限する。
　　　　　　（②・⑤・⑥・④・⑦）

◇書く量に配慮した教材を用意する。
　　　　　　（②・⑤・⑥・④・⑦）

◇テストの際にひらがなによる記述
　を許可する。　　（②・⑤・⑥・④）

【背景となる認知特性等】

①言葉が意味する内容や性質を考える力が強い。

②空間認知の弱さがある。

③聴覚的ワーキングメモリーの弱さがある。

④視覚的短期記憶の弱さがある。

⑤視覚－運動協応の弱さがある。

⑥視覚刺激を速く正確に処理する力に弱さがある。

⑦言語化や行動に時間がかかる（検査時の様子から）。

❖ 教材例

◆「書く量に配慮した学習シート（社会）」

　書くことに抵抗が強いため，書く量を制限し，授業中に黒板を見たり，話を聞いたりして学習内容を理解することに集中できるよう，黒板のキーワード部分だけを穴埋めにしました。漢字が複雑な単語は，ひらがなで記入してもよいことにし，取り組みやすいよう配慮しました。

◆インドネシアの生活◆

気候・地形
・（ 東南 ）アジア
・1万3000ほどの（ 島 ）
・熱帯一熱帯雨林気候
・（ スコール ）が毎日のように降る
・（ 熱帯林 ）が広がる
・動植物の種類が豊富

暮らし
・家:（ 高床 ）
　　風通しが良い 熱気がこもらない
　　柱や壁は木材 屋根は木の葉
・衣服:風通しが良いもの
・食生活
　　主食:（ タロイモ・キャッサバ :いも類）・米
　　味付け:さまざまな（ 香辛料 ）を使う

数学に苦手意識がある子

Oさんは，学習，特に数学への苦手意識が強く，将来への不安を感じています。2学期になり，遅刻や保健室で過ごす時間が増え，担任の先生が心配して相談につながりました。詳しく聞くと，数学以外の時間でも，黒板をノートに書き写すのが間に合わず困っていたそうです。Oさんへの支援方針を検討してみましょう。

❖ 主訴

◆本　　人：数学で，周りについていけるようになりたい。
◆保護者：将来自立するために必要な学力をつけてほしい。
◆担　　任：遅刻や保健室で過ごすことが増えた理由を知り，力になりたい。

❖ 実態把握

　父，母，本人の3人暮らしで，別居している6歳年上の大学生の姉がいます。お母さんは，小学生の頃から勉強のサポートをしてきたので，Oさんが学習で苦労している様子はよくわかっています。お姉さんも，Oさんが小学生の頃は，忙しいお母さんに代わり時々勉強を教えてくれました。お父さんは，朝起きているのに遅刻をしてしまうのは甘えではないのかと考えがちで，Oさんとは衝突してしまうこともあるようです。

〈生育歴〉

　3240g出生，首の座り0：3，始歩1：1，初語1：0「まま」。
　乳幼児健診での指摘は特になく，2年保育の幼稚園に通いました。両親は生活経験を広げることを意識して育ててきました。小学校4年生くらいから，漢字，計算や図形，表やグラフなどで苦労してきましたが，家庭でのフォローが厚く，友達関係も良好だったので，楽しい小学校生活だったようです。

Oさんが通う中学校は中規模校（10学級，知1，情1）で，Oさんのクラスには36人の生徒がいます。学習支援員の先生がいて自分に合ったペースで学習ができる場所が1教室あります。

　学級担任の先生は，20代の国語科の先生です。Oさんの話をよく聞いてくれ，気持ちを考えたうえで明るく元気づけてくれるので，Oさんも心を開いています。Oさんは，教科担任の先生と話す機会をつくろうと考え，苦手な数学の教科連絡係になりました。

　数学は，小4で小数や分数の計算が出てきた頃からわからなくなったそうです。ノートを見せてもらうと，最近取り組んだ関数ではほぼノートを取れておらず，これから始まる図形分野で苦労が想像されます。理科は，「暗記は少しはできるけど，計算があるやつは無理。」と言います。音楽では聴くことも歌うことも好きですが，美術は「絵はすごく下手。」「何をつくればいいか思いつかない。」と言います。体育は，球技はやや苦手ですが，体を動かすこと自体は好きで，昼休みには友達と体育館で遊んだりもしていました。

　授業では，黒板をノートに写すことが大変だそうです。特に数学では，問題と問題の境目がわからなくなり，どこまで写したか，自分が何を書いているのかが，書いているうちにわからなくなってしまいます。帰りの学活で，持ち物をメモすることも苦手で，帰宅後友達にSNSで聞くこともあるのですが，「いつも頼ってばかりだから悪いよね。」とお母さんに言うそうです。眼鏡をかけていますが，視力や聴力には日常生活に支障が出るほどの問題はありません。家では得意のPCで，使用時間などの家庭での約束事を守りながら友達とオンラインゲームを楽しむことが多いです。

　遅刻が増えたことを心配し，担任の先生が個人面談をしたところ，「皆についていけなくなるのが不安だから，遅刻しないで教室に入りたいです。でも……。」と言葉を飲み込んでしまいました。Oさんのよさについては，お母さんは，「優しく素直，話し上手で笑わせてくれるところかな。」，担任の先生は「友達思いで，自分ができることをしっかりやろうとするし，国語や学活では，周りがいいなと思うような発言もしますね。」と言います。

❖ アセスメントの結果

〈WISC-Ⅳの結果〉

全検査IQと指標得点は下記の通りです（WISC-Ⅳのプロフィール分析のステップ1～5）。

	合成得点（90%信頼区分）	記述分類
全検査IQ（FSIQ）	82（78-88）	低いから平均の下
言語理解指標（VCI）	103（96-110）	平均から平均の上
知覚推理指標（PRI）	85（79-94）	低いから平均
ワーキングメモリー指標（WMI）	65（61-75）	非常に低いから低い
処理速度指標（PSI）	81（76-91）	低いから平均

◆指標得点間の差（WISC-Ⅳのプロフィール分析のステップ6）からわかること

ワーキングメモリー指標は，他の指標に比べ，有意に低くなっています。また，知覚推理指標と処理速度指標は，言語理解指標に比べ，有意に低いです。これらのことから，**聴覚的ワーキングメモリー**，注意・集中のいずれかがとても弱く，**非言語による推理力，思考力**，**空間認知**，**視覚－運動協応**，**視覚刺激を速く正確に処理する力**，注意，動機づけ，**視覚的短期記憶**，**筆記技能**のいずれかが弱いと推察されます。

一方で，言語理解指標はその他の指標に比べ，有意に高くなっています。このことから，**言語概念形成**，**言語による推理力，思考力**，**言語による習得知識**のいずれかが，個人内でとても強いと考えることができます。

◆下位検査（WISC-Ⅳのプロフィール分析の7以降）からわかること

物事の共通性を見出す課題では，言葉を使う方が得意で，言語性の推理能力が高いことがうかがえます。検査の前には不安を口にしていました。

〈その他の検査〉 URAWSS Ⅱ

書き課題：C（要精査） 介入課題（キーボード入力）：A（平均）
読み課題：A（平均）

❖ アセスメントの総合解釈

〈検査結果から得られた認知特性等の仮説〉

Oさんの全般的知的水準は，「低いから平均の下」の範囲にあり，知的な遅れはないと考えられるものの，指標得点間で有意差が見られるため，解釈は慎重に行う必要があります。

認知過程の特性としては，以下のことがあげられます。

①聴覚的ワーキングメモリーが弱い。

②非言語による推理力，思考力が弱い。

③空間認知が弱い。

④視覚刺激を速く正確に処理する力が弱い。

⑤言語で表現することや言葉を使って推理する力が強い。

⑥常識的な因果関係や社会規範を理解する力が強い。

⑦見て書き写すことに時間がかかる。

⑧課題への不安が大きい（検査前の様子から）。

〈実態とその背景となる認知特性等との関連〉

Oさんの強みは，⑤言語で表現することや言葉を使って推理をすることや，⑥常識的な因果関係や社会規範を理解することができることだと推測されます。これらの特性は，生活の中で対人関係をうまく築くことができることとつながります。

一方，Oさんが感じている数学の困難さには，①聴覚的ワーキングメモリーの弱さや，②非言語による推理力，思考力の弱さ，③空間認知の弱さが関連していると推測されます。また，④視覚刺激を速く正確に処理する力の弱さも見られ，⑦見て書き写すことに時間がかかることから，書きの困難さがあると考えられます。

これらのことから，これまでの学習における成功体験の少なさと⑧課題への不安とが，相互に関連している状態であることがうかがえます。

❖ 個別の指導計画例　　*前期の計画，評価は前期終了時に記入する。

個別の指導計画			
氏名	○	学校	○中学校　　2年○組

年間指導目標（長期目標）
❶数学で「ここはできる。」という部分をつくり，学習への自信をもつ。
❷自分なりのノートやメモの取り方を知り，不安と負担を自ら軽減させる。

	短期目標	具体的な手立てと支援	評価
通常の学級	❶対頂角，同位角，錯角の性質がわかる。 ❷タブレット端末を活用し，自分なりのノートを作成する。	・授業では角度の性質のみに注意を向けられるよう，プリントなどを用意する。 ・ノート作成時，手書きかタブレット端末の利用かを選べるようにし，それをクラス全員に伝える。 ・タブレット端末で黒板やプリントなどを撮影してもよいことも伝える。	
家庭	❶学校で学習したことを話して伝えることができる。 ❷撮影した画像を見て持ち物や予定を確認する。	・作成したノートや画像を家族に見せながら，学習した内容を話す時間をつくる。 ・家庭にある端末からも，授業中に撮影した画像のデータにアクセスできるようにする。	言語化したり，他の感覚を使ったりして，聴覚的ワーキングメモリーや空間認知の弱さを補います。
特別の場	❶対頂角，同位角，錯角に関する学習から，図形の学習の仕方を知る。 ❷タブレット端末で撮影したデータを基に，ノートを作成するスキルを身につける。	・角の特徴を指導者と話し合い，手で実際に操作することのできる教材を使用し，角の性質への理解を深めることを支援する。 ・授業で撮影した画像を見ながら，どこを切り貼りするか決めることを促す。 ・何とまとめるか話し合いながら，吹き出しなどで説明する文を添えることを支援し，ノートをつくる練習をする。	

◆ 合理的配慮の検討

【合理的配慮の観点】

〈教育内容〉　☑学習上又は生活上の困難を改善・克服するための配慮

　　　　　　　□学習内容の変更・調整

〈教育方法〉　☑情報・コミュニケーション及び教材の配慮

　　　　　　　☑学習機会や体験の確保

　　　　　　　☑心理面・健康面の配慮

【合理的配慮の内容（必要な物品等）】

◇手で実際に操作する教材を使用しながら，図の特徴を個別学習の場で話し合う。　（①・②・③・④）

◇タブレット端末で画像を撮ったり入力したりすることで，書き写す作業を置き換える。（③・④・⑦）

【背景となる認知特性等】

①聴覚的ワーキングメモリーが弱い。

②非言語による推理力，思考力が弱い。

③空間認知が弱い。

④視覚刺激を速く正確に処理する力が弱い。

⑦見て書き写すことに時間がかかる。

◆ 教材例

◆「同位角・錯角発見器」

　対頂角よりも言語化しにくい同位角と錯角について，実際に教材を動かしたり線を引いたりしながら，角の特徴を指導者と話し合って言語化していきます。「同位角発見器」は画用紙を画鋲で止めて可動式に，「錯角発見器」はクリアシートの

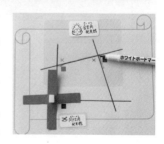

上から消せるペンで直線をあみだくじのようになぞって使います。

英単語の読み書きが苦手な子

Pさんは，英単語の読み書きが苦手です。英単語を耳で聞けば意味がわかるものも多くありますが，文字を見ても何と読むのかわからずにいます。また，単語を書くのも苦手で，アルファベットはある程度書けるものの英単語を書くのが苦手です。そんなPさんへの支援方針を検討してみましょう。

❖ 主訴

◆本　　人：英語，国語の読み書きができるようになりたい。
◆保護者：学習習慣を身につけてほしい。
◆担　　任：学習の遅れが心配。具体的にどのように学級の中で支援をしたらよいのか教えてほしい。

❖ 実態把握

　父，母，本人，妹の4人暮らしです。普段の勉強は母が様子をみています。父は学習の遅れを心配しており，「しっかりやれ。」と強くあたってしまうことがありますが，部活の野球を熱心に応援してくれています。母はおおらかで，「本人に合ったやり方があるんだから，ゆっくりやっていけばいいよ。」と話しており，本人が取り組める内容や課題を考えて，声をかけてくれています。

〈生育歴〉

　2758gで出生，首の座り0：3，始歩1：1，初語1：2。
　人見知りや後追いはありませんでした。5歳の時に妹が誕生しました。妹との関係は良好です。3年保育の幼稚園に通っていました。誰とでも仲よく過ごすことができ，集団生活は良好でした。文字への興味がなく，ひらがな

や1～10までの数字などは覚えるまでに時間がかかりました。

　Pさんが通う中学校は，全校生徒600名を超える大規模校（21学級，知1，情1）です。学級担任の先生は，若くて元気があり，Pさんが困ったことがないか細やかに声をかけてくれています。学級は36名です。クラス内では，係の仕事などを忘れてしまうこともありますが，先生や友達が優しく声をかけてくれ，活動に前向きに取り組むことができています。友達関係はとても良好で，クラスの中には，共通のゲームの趣味が合う友達がいて，その話題で会話をする時は流暢に話すことができます。

　授業では，真面目に授業に取り組み，板書をノートに頑張って書き写そうとするものの書くのが間に合わず，ノートを取りきれないこともあります。感想文などでは，自分の思いや考えを書くのが苦手な様子もあり，1～2行ほどの短い言葉で感想を書いていました。文章を書く際には，拗音，促音，長音などの間違いが見られることがありました。漢字を書くことが苦手で，小学校4年生程度の漢字から書くのが難しい様子です。

　学習は全般的に苦手ですが，特につまずきが大きいのは英語です。英語では，アルファベットの大文字は概ね書けるものの小文字は「b」と「d」を混同したり，「h」が「n」に見えたりするなどの間違いも見られ，正確に書くことができるのは26文字中15字程度です。英単語のテストでは，penやcatのように綴りの短い単語は書くことができるものもありますが，それ以上綴りが長い単語になると書くことをあきらめてしまうことが多いようです。また，単語もローマ字読みで誤って発音してしまうことがあり，「make」を「マケ」と読むなどの間違いが見られます。自分で単語を見て，読んだり意味を理解したりすることが難しい様子がみられます。しかし，「ベースボール」と聞くと「野球」と意味がわかるように，身近な英単語は耳で聞けば意味がわかるものもあります。

❖ アセスメントの結果

〈WISC-Ⅳの結果〉

全検査IQと指標得点は下記の通りです（WISC-Ⅳのプロフィール分析のステップ1〜5）。

	合成得点（90％信頼区分）	記述分類
全検査IQ（FSIQ）	79（75-85）	低いから平均の下
言語理解指標（VCI）	90（84-98）	平均の下から平均
知覚推理指標（PRI）	91（85-99）	平均の下から平均
ワーキングメモリー指標（WMI）	73（69-82）	非常に低いから平均の下
処理速度指標（PSI）	73（69-85）	非常に低いから平均の下

◆指標得点間の差（WISC-Ⅳのプロフィール分析のステップ6）からわかること

言語理解指標及び知覚推理指標は，ワーキングメモリー指標及び処理速度指標に比べ有意に高く，またその差はまれです。このことから，**言語概念形成**，**言語による推理力**，**思考力**，**言語による習得知識**，非言語による推理力，思考力，空間認知のいずれかが個人内で強いと考えられます。また，ワーキングメモリー指標及び処理速度指標は，言語理解指標，知覚推理指標に比べ有意に低く，その差はまれです。このことから，**聴覚的ワーキングメモリー**，**注意・集中**，視覚刺激を速く正確に処理する力，注意，動機づけ，**視覚的短期記憶**，**筆記技能**，**視覚−運動協応**のいずれかが個人内で弱いと考えられます。

◆下位検査（WISC-Ⅳのプロフィール分析の7以降）からわかること

課題には集中して取り組んでおり，取り組みの姿勢には問題は見られませんでした。ただ，主に言語理解指標の検査で，教示から回答をするまでに時間を要することがしばしばありました。

〈その他の検査〉　URAWSS-English

音声読み上げ効果は「効果あり」，かな表記の効果は「やや効果あり」でした。

❖ アセスメントの総合解釈

〈検査結果から得られた認知特性等の仮説〉

　全般的知的水準は，「低いから平均の下」の範囲にあり，解釈には注意する必要があります。

　認知過程の特性としては，以下のことがあげられます。

　①言語で表現することや言葉を使って推理する力が強い。

　②聴覚的ワーキングメモリーの弱さがある。

　③注意・集中に弱さがある。

　④視覚刺激を速く正確に処理する力の弱さがある。

　⑤視覚的短期記憶の弱さがある。

　⑥筆記技能の弱さがある。

　⑦視覚−運動協応の弱さがある。

　⑧英語の音声読み上げの支援が有効（その他の検査から）。

〈実態とその背景となる認知特性等との関連〉

　ノートを取ることができなかったり，漢字や英単語を書くことができなかったりする書きの困難さは，⑤視覚的短期記憶の弱さや，⑥筆記技能の弱さ，⑦視覚−運動協応の弱さによるものと推測されます。

　係の仕事を忘れたりするのは，②聴覚的ワーキングメモリーの弱さ，③注意・集中の弱さによるものと推測されます。

　英語の音声を聞くことで単語の意味がわかるのは，①言語で表現することや言葉を使って推理する力の強さによるものと推測され，学習において，⑧英語の音声読み上げ支援を活用していくのが必要であると考えられます。

❖ 個別の指導計画例

*前期の計画，評価は前期終了時に記入する。

個別の指導計画			
氏名	P	学校	P中学校　　１年○組

年間指導目標（長期目標）
❶英単語のテストで５割をとることができる。
❷英語の文章を自分で音読することができる。

	短期目標	具体的な手立てと支援	評価
通常の学級	❶事前に予告された英単語の半数程度をミニテストで正しく書くことができる。 ❷単語やフレーズ，文のリピートを正確に発音することができる。	・事前に単語テストに出題される英単語を伝えておく。その中で，書くことができそうな英単語を本人に選択してもらい，練習に取り組む。 ・音声スピードを遅くし，はっきりと音を捉えやすくする。 ・長い文やフレーズは，音節リズムの区切りで手を叩くなど，小さなチャンクにしていくことで音を捉えやすくするよう支援する。	書字の負担を減らすよう配慮します。多感覚や絵，ストーリーを関連づけることでワーキングメモリーの弱さを補います。
家庭	❷デイジー教科書を活用して，自分で単語や文章の読みを確認しながら学習することができる。	・デイジー教科書の使い方や活用方法を通級指導教室で確認し，家庭学習の中で英単語や文章の読みを確認するのに活用していく。	
特別の場	❶アルファベットを正しく書くことができる。 ❷英語の音を覚え，英単語を正しく読んだり，書いたりすることができる。	・空書きで書く練習を行ったり，粘土，モビール，しぼり出しクッキーなどでアルファベットをつくったりする活動に取り組む。 ・多感覚を活用したフォニックスに取り組み，絵やストーリーと関連づけることで英語の音が定着しやすくなるよう支援する。	

❖ 合理的配慮の検討

【合理的配慮の観点】

〈教育内容〉　☑学習上又は生活上の困難を改善・克服するための配慮
　　　　　　　☐学習内容の変更・調整
〈教育方法〉　☑情報・コミュニケーション及び教材の配慮
　　　　　　　☑学習機会や体験の確保
　　　　　　　☑心理面・健康面の配慮

【合理的配慮の内容（必要な物品等）】

◇板書を取る際は書く量を制限し，予めポイントをプリントにして全員に配付し，話に集中できる環境をつくる。
　　　　　　　　（②・③・④・⑤・⑥・⑦）
◇表面は通常のワークシート，裏面は書く量を制限したワークシートと取り組める内容を自己選択できるよう配慮する。
　　　　　　　　（③・④・⑤・⑥・⑦）
◇デイジー教科書やデジタル教科書で読み上げ機能を活用する。（⑧）

【背景となる認知特性等】

①言語で表現することや言葉を使って推理する力が強い。
②聴覚的ワーキングメモリーの弱さがある。
③注意・集中に弱さがある。
④視覚刺激を速く正確に処理する力の弱さがある。
⑤視覚的短期記憶の弱さがある。
⑥筆記技能の弱さがある。
⑦視覚－運動協応の弱さがある。
⑧英語の音声読み上げの支援が有効（その他の検査から）。

❖ 教材例

◆「絞り出しクッキーづくり」

　アルファベットを絞り出しクッキーでつくる活動も人気があります。「b」と「d」などの似たような小文字は，プレーンとココアなどと味を変えてもよいと思います。触覚や味覚，嗅覚といった感覚を刺激することは，ワーキングメモリーの弱さを補う一助となるでしょう。

やるべきことを忘れやすい子

Qさんは，朝学校に来てやるべきことを忘れがちだったり，忘れ物をしてしまったりしています。家庭でも，おうちの人から頼まれたことを忘れてしまい叱られることが多く，最近「どうせ僕はできないんだ」と言うことが多くなってきました。そんなQさんへの支援方針を検討してみましょう。

◆ 主訴

◆本　　人：自分で自分のやるべきことをできるようになりたい。
◆保護者：頼んだことややるべきことを最後までやり通してほしい。
◆担　　任：ついさっき話したことを忘れてしまうのをなんとかしたい。

◆ 実態把握

　父，母，本人，弟2人の5人暮らしです。お父さん，お母さんともにQさんのことをとても心配しており，特にお父さんはQさんを強く叱ってしまうことも多いと言います。また，忘れがちなところを，下の弟2人から指摘されることも増えてきたようです。

〈生育歴〉

　2700g出生，首の座り0：4，始歩1：2，初語1：0「とっと」。
　人見知りや後追いはありました。1歳半健診，3歳児健診ともに，気になる所見はありませんでした。
　就学前まで保育園に通わせていましたが，あまり友達と遊ばず，先生のそばにいたり，本を読んだりしていることが多かったそうです。小学校入学前から，お母さんがQさんを剣道の教室に通わせ始めました。多くの年代の友達と出会い，そこでの関わりからQさんも自信をもって友達に関わるように

なっていきました。

　家庭ではよく皿洗いやお風呂の支度など，おうちの人の手伝いを頼まれますが，つい忘れてしまいよく叱られているそうです。そのため，「家にいるのが嫌だ。」と言うことが増えてきました。

　Ｑさんが通う学校は，中規模校（18学級，知1，情1）です。各学年3学級配置で，特別支援学級は知的障害，自閉症・情緒がそれぞれ1学級ずつあります。学級担任の先生は，若くて元気な先生で，いつも忘れ物などをしてしまうＱさんに何かできることはないか一生懸命考えてくれています。学級は38名で，落ち着いた学級です。Ｑさんも学級の友達が好きで，安心して通っています。

　学習全般であまり自信がなく，「すぐ忘れちゃう。」「前やったのになぁ。」とよく言います。集中力にはむらがあり，集団での一斉指示は聞き逃していることが多いです。また，授業中は積極的に発言したり笑ったりすることがある一方で，突然ぼうっとしたり，居眠りをしたりすることもあります。

　国語では，小学校4年生程度の文章を流暢に読むことができます。漢字の書きでは，細部を間違う様子がよく見られます。数学の計算は，とても時間がかかりますが，やり方は理解しています。

　美術などで絵を描くことはあまり好きではありませんが，工作は好きです。家庭では趣味でよくプラモデルを組み立てていますが，説明書を読んだり，お父さんに聞いたりしながら組み立てています。

　体を動かすことも好きで，走り幅跳びやバスケットボールでは，先生や友達の動きをよく見て，適切な動きをすることができます。

　友達関係は良好で，Ｑさんは優しい性格のため，誰とでも仲よく接することができ，友達からもとても人気があります。会話のペースはとてもゆっくりで，自分の好きなことを話すことが多いです。正義感が強く，友達同士が言い争いをしていると，間に入って両方の話を聞いてあげようとします。

　親から見たＱさんのよさは，優しく，真面目なところとのことでした。担任の先生は，優しく，友達思いなところとのことでした。

❖ アセスメントの結果

〈WISC-Ⅳの結果〉

全検査IQと指標得点は下記の通りです（WISC-Ⅳのプロフィール分析の
ステップ1～5）。

	合成得点（90%信頼区分）	記述分類
全検査IQ（FSIQ）	66（62-73）	非常に低いから低い
言語理解指標（VCI）	86（80-95）	平均の下から平均
知覚推理指標（PRI）	71（67-81）	非常に低いから平均の下
ワーキングメモリー指標（WMI）	57（54-68）	非常に低い
処理速度指標（PSI）	70（66-82）	非常に低いから平均の下

◆指標得点間の差（WISC-Ⅳのプロフィール分析のステップ6）からわかること

言語理解指標は，知覚推理指標，ワーキングメモリー指標，処理速度指標
に比べ有意に高く，またその差はまれです。このことから，**言語概念形成，
言語による推理力，思考力**，言語による習得知識のいずれかが個人内でとて
も強いと考えられます。

ワーキングメモリー指標は，言語理解指標，知覚推理指標，処理速度指標
に比べ有意に低く，その差はまれです。このことから，**聴覚的ワーキングメ
モリー，注意・集中**のいずれかが個人内でとても弱いと考えられます。

◆下位検査（WISC-Ⅳのプロフィール分析の7以降）からわかること

検査にはとても一生懸命取り組みましたが，どれも解答までに時間を要し
ていました。また，検査が半分ほど終わるまで，とても緊張している様子が
見られました。

〈その他の検査〉　特にありません。

❖ アセスメントの総合解釈

〈検査結果から得られた認知特性等の仮説〉

　全般的知的水準は，「非常に低いから低い」の範囲にあり，知的な遅れを考慮する必要がありますが，学びの場については，本人の日常の様子や個人内での能力の強みを考え合わせる必要があります。

　認知過程の特性としては，以下のことがあげられます。

　①言語で表現することや言葉を使って推理する力が強い。

　②言語で理解する力が強い。

　③聴覚的ワーキングメモリーの弱さがある。

　④注意・集中に弱さがある。

　⑤初めて取り組むことに対して緊張が強い（検査時の様子から）。

　⑥頭の中だけで考えることに時間を要する（検査時の様子から）。

〈実態とその背景となる認知特性等との関連〉

　国語で文章を流暢に読めることには，②言語で理解する力が強いことが関連していると推測され，漢字の細部を間違うことには，④注意・集中に弱さがあることが関連していると推測されます。

　やるべきことを忘れたり，忘れ物をしがちになったりすることは，③聴覚的ワーキングメモリーの弱さ，④注意・集中の弱さによるものと推測されます。集団での指示を聞き逃してしまうことは，③聴覚的ワーキングメモリーの弱さ，④注意・集中の弱さによるものと推測されます。

　友達関係がよく社会性があることには，①言語で表現することや言葉を使って推理する力が強いことや②言語で理解する力が強いこと，小学校入学前からの友達との関わりの経験の豊かさが関係していることが推測されます。

❖ 個別の指導計画例　　＊前期の計画，評価は前期終了時に記入する。

個別の指導計画			
氏名	Q	学校	Q中学校　2年○組

年間指導目標（長期目標）
❶登校してからすべきことを忘れずに行うことができる。
❷自分で持ち物を準備して学校にもってくることができる。

	短期目標	具体的な手立てと支援	評価
通常の学級	❶登校後，やることリストに沿って，行動できる。 ❷教師の援助を得ながら，次の日のためのやることリストをつくることができる。	・机にやることリストを貼っておく。 ・終わったものにはチェックをつけていく。朝学活前に担任にチェックしてもらう。 ・帰り学活後に担任と次の日のやることリストを確認する。 ・最初は担任と確認しながらつくり，慣れてきたら自分でつくったものを見てもらうようにする。	本人の中の言語理解の高さを生かして，やることを言葉でリスト化します。
家庭	❶❷やることリストで，次の日の準備や家の手伝いに取り組むことができる。	・学校で使用しているものと同じ形式のやることリストを利用する。 ・帰宅後に必ず見る場所に掲示してもらうようにする。	
特別の場	❶❷担当者の援助を得ながら，やることリストを整理することができる。	・やることリストを使用してみて，うまくいっていることや，やりづらいところなどを担当と話し合う。 ※通常の学級や家庭とリンクして進めていく。	

❖ 合理的配慮の検討

【合理的配慮の観点】
〈教育内容〉 ☑学習上又は生活上の困難を改善・克服するための配慮
　　　　　　 □学習内容の変更・調整
〈教育方法〉 ☑情報・コミュニケーション及び教材の配慮
　　　　　　 ☑学習機会や体験の確保
　　　　　　 ☑心理面・健康面の配慮

【合理的配慮の内容（必要な物品等）】
◇担任の先生と「やることリスト」
　を確認しやすいように，席を教室
　の前列にする。
　　　　　　（①・②・③・④・⑤）
◇タブレット端末やスマートフォン
　のメモ機能の活用を許可する。
　　　　　　　　　　（③・④・⑥）
◇学校，家庭で同じ形式の「やるこ
　とリスト」を使用する。
　　　　　　　　　　（①・④・⑥）

【背景となる認知特性等】
①言語で表現することや言葉を使っ
　て推理する力が強い。
②言語で理解する力が強い。
③聴覚的ワーキングメモリーの弱さ
　がある。
④注意・集中に弱さがある。
⑤初めて取り組むことに対して緊張
　が強い（検査時の様子から）。
⑥頭の中だけで考えることに時間を
　要する（検査時の様子から）。

❖ 教材例

◆ 「やることリスト」

　小さいメモ程度のもので学校と家庭の形式を統一す
ると，本人も安心して使うことができます。やり終え
たことを消したり書き換えたりできるように，ホワイ
トボードの素材を使うのもよいです。タブレット端末，
または本人のスマートフォンのメモ機能を使用させる
ことで，将来自分で使う練習にもなります。

やることリスト	月　日
■	にもつを机にしまう
□	提出物をだす
□	【日直のとき】日誌を書く
□	
□	

落ち着きがなく，
忘れ物をしてしまう子

Rさんは授業中でも休み時間でも，先生や友達の話を遮り，答えを先に言ってしまったり，自分の話ばかりしてしまったりします。また，持ち物の管理が苦手です。机の周りは散らかっていて，忘れ物が多く，いつも物を探しています。

❖ 主訴

◆本　　人：落ち着いて行動したい。忘れ物を減らしたい。
◆保護者：周りのことを考えて，行動してほしい。学習用具を自分で用意してほしい。
◆担　　任：突然発言をしたり，一方的に話したりすることがないようにしてほしい。学校の連絡を自分でメモをして家で確認してほしい。

❖ 実態把握

　両親，本人の3人家族です。Rさんは，小学校4年生の時に，友人とのトラブルが絶えず，授業で学習についていくことが難しくなったため，通常の学級から特別支援学級に在籍の変更をしました。落ち着いて学校生活を送るために薬を服用しています。お母さんは本人の一番の理解者で，本人のよき相談相手です。困ったことが起きた時に担任がお母さんに電話をすると，一緒に考えたり，アイデアを出してくれたりします。Rさんは帰宅後，ゲームや読書，テレビ鑑賞など，やりたいことに夢中になってしまうため，宿題をしたり学習用具を準備したりすることがなかなかできません。夜，お母さんにせかされてやっと準備をした後に，お母さんが最後に確認して足りない持ち物を用意してくれます。

〈生育歴〉

　2,890 g 出生，首の座り0：5，始歩1：0，初語1：0「ブーブー」。

　人見知りや後追いが見られました。両親が仕事の時は，近所に住む祖父母が様子を見に来てくれましたが，一人遊びをしたり，テレビや絵本をじっと見て過ごしたりすることが多く，それほど手はかかりませんでした。しかし，ご飯やお風呂の時間になってもやりたいことがやめられず，制止されると大声で泣くことが多かったです。保育園や小学校では，友達と上手に遊ぶことが難しく，けんかをして手が出ることもありました。書くことは苦手ですが，小さな頃から読み聞かせや読書，映画が好きです。

　Rさんが通う学校は，小規模校（3学級，知1，情1）です。Rさんは普通高校への進学を目指しています。学級担任の先生は，授業中，突発的に発言をしてしまったり，持ち物の管理で困ったりすることの多いRさんに何かできることはないか，お母さんと相談しながら具体的な支援内容について模索しています。Rさんは交流学級の授業に参加することが多く，交流学級には，Rさんのことを理解し，よき友人として関わってくれる複数の仲間がいます。その他の生徒とは，聞き間違えや聞き漏らしから時々トラブルを起こし，帰宅後はお母さんに不満を言い続けるので，お母さんは疲れてしまうことがあります。

　普通高校には進学したいものの，Rさんは学習に力を入れたり，持ち物の管理をしたりしようと努力する様子は，学校でも家庭でも見られません。「卒業後のことを，自分のこととして心配していないのでは」とお母さんや学級担任の先生は不安になっています。Rさんが授業中に先生の話を遮って答える場面は，得意な歴史の授業が多いです。他の教科も，基本的な学習はその場では理解しているようです。メモをとることや，学習内容をノートやプリントに書くことも時間を要します。

　出し抜けに答えを言ってしまったり，忘れ物をしてしまった時に指導を受けると，感情的になり，泣きながら机や自分の頭を叩いたり，教室から出て行くこともあります。

❖ アセスメントの結果

〈WISC-Ⅳの結果〉

全検査IQと指標得点は下記の通りです（WISC-Ⅳのプロフィール分析のステップ1〜5）。

	合成得点（90%信頼区分）	記述分類
全検査IQ（FSIQ）	91（86-97）	平均の下から平均
言語理解指標（VCI）	103（96-110）	平均から平均の上
知覚推理指標（PRI）	95（88-103）	平均の下から平均
ワーキングメモリー指標（WMI）	85（80-93）	平均の下から平均
処理速度指標（PSI）	83（77-93）	低いから平均

◆指標得点間の差（WISC-Ⅳのプロフィール分析のステップ6）からわかること

言語理解指標が，ワーキングメモリー指標，処理速度指標に比べ有意に高く，またその差はまれです。このことから**言語概念形成**，**言語による推理力，思考力**，言語による習得知識のいずれかが個人内でとても強いと考えられます。

ワーキングメモリー指標及び処理速度指標は，言語理解指標に比べ有意に低く，その差はまれです。このことから，**聴覚的ワーキングメモリー，注意・集中**，視覚刺激を速く正確に処理する力，**注意，動機づけ**，視覚的短期記憶，筆記技能，視覚−運動協応のいずれかが個人内でとても弱いと考えられます。

◆下位検査（WISC-Ⅳのプロフィール分析の7以降）からわかること

いくつかの検査では，説明をしている間に出し抜けに質問をしたり，指示の前に検査器具を触ったり，勝手に始めようとしたりしてしまうことがありました。また，周りを気にしたり，身体を揺すったりするなど，注意の持続が難しい場面がありました。

〈その他の検査〉　特にありません。

❖ アセスメントの総合解釈

〈検査結果から得られた認知特性等の仮説〉

　全般的知的水準は,「平均の下から平均」の範囲にあり, 知的な遅れはないと推察されるものの, 解釈を慎重に行う必要があります。

　認知過程の特性としては, 以下のことがあげられます。

　①言葉が意味する内容や性質を考える力が強い。

　②社会的ルールや一般的事実に関する知識がある。

　③言語による推理力, 思考力が強い。

　④聴覚的ワーキングメモリーの弱さがある。

　⑤注意・集中に弱さがある。

　⑥筆記速度が遅い。

〈実態とその背景となる認知特性等との関連〉

　Rさんが, 社会科の学習や小説が好きなことには, ①言葉が意味する内容や性質を考える力の強さ, ②社会的ルールや一般的事実に関する知識があること, ③言語による推理力, 思考力が強いことが関連していると推測されます。

　指示を最後まで聞くことに苦手さがあり, 忘れ物が多いことには, ④聴覚的ワーキングメモリーが弱いこと, ⑤注意・集中に弱さがあることが関連していると推測されます。

　メモをとることの苦手さについては, ⑥筆記速度が遅いことが関連していると推測されます。

❖ 個別の指導計画例　＊前期の計画，評価は前期終了時に記入する。

個別の指導計画				
氏名	R		学校	R中学校自閉症・情緒障害特別支援学級

年間指導目標（長期目標）
❶相手の話が終わってから，話し始めることができる。
❷持ち物の管理を自分で行うことができる。

	短期目標	具体的な手立てと支援	評価
交流学級・特別支援学級	❶授業中に発言する時は，手をあげてから発言することができる。 ❷次の日の時間割や予定をメモすることができる。	・授業では，「発言したい人は，静かに挙手をするように」と事前に周知しておく。手をあげてから発言した時は「OKカード」を机の上に載せ，振り返りに活用する。連絡ノートで授業の様子を家庭に伝える。 ・タブレットで学級に掲示されている時間割と予定表を写させる。さらにメモが必要な場合は，音声または文字入力でメモさせる。	
家庭	❶自分自身の発言のタイミングが適切な時に，家庭で振り返る。 ❷次の日の時間割を自分で準備することができる。	・連絡ノートを基に，家庭で振り返りを行わせる。手をあげてから発言することができた時は，家庭でも称賛する。 ・タブレットで撮影した時間割の画像を基に，持ち物を準備させ，再度保護者に確認してもらう。	言語理解の強さを生かして，行動を言語化し，教育相談で振り返りを行います。
特別の場	❶❷自分の行動を振り返り，改善点を考えることができる。	・「OKカード」を専用のボックスに入れ，カードの枚数を毎週記録する。教育相談の時に，持ち物の準備や授業中の発言のタイミングについて，連絡ノートやカードの枚数の記録を基に振り返る。	

❖ 合理的配慮の検討

【合理的配慮の観点】

〈教育内容〉　☑学習上又は生活上の困難を改善・克服するための配慮

　　　　　　　☐学習内容の変更・調整

〈教育方法〉　☑情報・コミュニケーション及び教材の配慮

　　　　　　　☑学習機会や体験の確保

　　　　　　　☑心理面・健康面の配慮

【合理的配慮の内容（必要な物品等）】

◇適切なタイミングで発言した時は「OK カード」をもらい，振り返りを行う。　　　　　　（①・②）

◇タブレットで学校の連絡黒板を撮影する。　　　　　　　（④・⑥）

【背景となる認知特性等】

①言葉が意味する内容や性質を考える力が強い。

②社会的ルールや一般的事実に関する知識がある。

③言語による推理力，思考力が強い。

④聴覚的ワーキングメモリーの弱さがある。

⑤注意・集中に弱さがある。

⑥筆記速度が遅い。

❖ 支援例

　適切な発言ができた時に，「OK カード」を決められた場所に置いていきます。毎日それを専用の箱に入れて保管し，週末に枚数を確認して記録します。振り返りの時に，連絡ノートに書かれているお母さんの言葉も伝えながら，できた日の共通点（授業の前に時間があった，先生の声がけがあった，など）や，できなかった日の出来事（友達とトラブルになって落ち着いていなかった，約束があって焦っていた，など）を整理していきます。それを基に，同じような場面でどう行動すればよいかを話し合います。

今したいことを優先するため，
状況に応じた行動が難しい子

Sさんは，授業中に教師の話を聞いておらず，ぼーっとしている様子が多く見られます。授業中にいきなり好きな話をし始めたり，係活動なども忘れてしまう状況が見られ，級友から注意されたり，距離を置かれたりなどの状況にあります。そんなSさんへの支援方針を検討してみましょう。

❖ 主訴

◆本　　人：自分なりに努力しているのに，注意されることが増えていて辛い。
◆保護者：学習面でも心配なことはあるが，いきなり話をし始めたりすることが気になる。
◆担　　任：話を聞いていないことが多く，忘れ物も多いのが心配。

❖ 実態把握

　父，母，本人，小学生の弟の4人暮らしです。父は仕事が忙しく，あまり家にいません。母は，高校の教員で，Sさんの特性を理解しています。小学生の弟との仲はよいようです。

〈生育歴〉

　3602g出生，首の座り0：4，始歩1：0，初語1：4「ママ」。

　人見知りがあり，視線の合いにくさも特にありませんでした。また，1歳半健診，3歳時健診では特に指摘されることもありませんでした。3歳から幼稚園に通い，特定のおもちゃ（レゴブロック）が好きでした。お友達が遊んでいるおもちゃで自分の好きなものがあると，自分のものにしようとする様子もありました。また，小さい頃は，気になるものがあると道路へ飛び出そうとしてしまうことが，何度かあったようです。

Ｓさんの学校は，中規模校（12学級，知1，情1）です。学級担任の先生は，期限つき採用時に特別支援学級での勤務経験があります。学級は32名で，明るい雰囲気のある学級です。

　授業中に自分の興味があることや，みんなに話したいことについては，思い立つとすぐにしゃべってしまいます。教科担任が「Ｓさん」と名前を呼ぶと話を止めることはできます。休み時間に友人と話したかったり，放課後の部活動に早く行きたかったりするため，係や掃除の当番を忘れてしまい，周りから，注意されてしまうこともあります。忘れ物をすることもたびたびあります。

　学習面全般に関わることとして，板書に時間がかかってしまい，多くの教科で中途半端になってしまっていることがあります。

　国語では，漢字を書くことに時間がかかってしまいます。文章の読み取りもあまり得意ではありません。

　数学では，基本的な整数の四則計算はできます。文章題は苦手としています。定規やコンパスが上手に使えないため，作図も苦手です。

　しかし，社会科はとても大好きで，自分から積極的に発表することができ，教科担任からも評価されています。

　部活はパソコン部に所属しており，休み時間には同じ部活の友達と共通のゲームの話をよくしています。歴史が好きで，自分の興味のある本（図鑑・漫画）を図書室で借りて読んでいます。借りた本は，内容を暗記していて，知識がとても豊富です。

　親から見たＳさんのよさは，一度した約束はしっかりと守ることができるところ，弟の面倒を見てくれるところだと話しています。担任の先生は，雑学をよく知っているところに一目置いているとのことでした。

❖ アセスメントの結果

〈WISC-Ⅳの結果〉

全検査 IQ と指標得点は下記の通りです（WISC-Ⅳのプロフィール分析の
ステップ 1 ～ 5）。

	合成得点（90%信頼区分）	記述分類
全検査 IQ（FSIQ）	105（98-108）	平均
言語理解指標（VCI）	111（103-117）	平均から平均の上
知覚推理指標（PRI）	118（109-123）	平均から高い
ワーキングメモリー指標（WMI）	79（74-88）	低いから平均の下
処理速度指標（PSI）	91（84-100）	平均の下から平均

◆指標得点間の差（WISC-Ⅳのプロフィール分析のステップ6）からわかること

言語理解指標及び知覚推理指標は，ワーキングメモリー指標に比べ有意に
高く，またその差はまれです。このことから，言語概念形成，言語による推
理力，思考力，言語による習得知識，**非言語による推理力，思考力**，空間認
知のいずれかが個人内でとても強いと考えられます。

また，ワーキングメモリー指標は，言語理解指標，知覚推理指標に比べ有
意に低く，その差はまれです。このことから，**聴覚的ワーキングメモリー**，
注意・集中のいずれかが個人内でとても弱いと考えられます。

◆下位検査（WISC-Ⅳのプロフィール分析の7以降）からわかること

質問文を聞いて答える課題において，「もう一度言ってください。」と聞き
直すことが何度もありました。

また，検査者が教示をしている最中に，検査用具に手を伸ばして課題に取
り組もうとする様子が何度か見られました。

〈その他の検査〉　特にありません。

❖ アセスメントの総合解釈

〈検査結果から得られた認知特性等の仮説〉

全般的知的水準は，「平均」の範囲にあり，知的な遅れはないと推察されますが，解釈には注意する必要があります。

認知過程の特性としては，以下のことがあげられます。

①言語で表現することや言葉を使って推理する力が強い。

②見たものから推理する力が強い。

③言語による習得知識が強い。

④聴覚的ワーキングメモリーの弱さがある。

⑤注意・集中に弱さがある。

⑥衝動性の高さがある（検査時の様子から）。

〈実態とその背景となる認知特性等との関連〉

図鑑や歴史の本を読んで，内容を覚えられることには，①言語で表現することや言葉を使って推理する力が強いことや，②見たものから推理する力が強いこと，③言語による習得知識が強いことが関連していると推測されます。

注意・集中の困難さや授業中に出し抜けに話し始めてしまうことには，④聴覚的ワーキングメモリーの弱さ及び⑤注意・集中の弱さ，⑥衝動性の高さが関連していると推測されます。

聞き返しが多いことは，④聴覚的ワーキングメモリーの弱さや，⑤注意・集中の弱さによるものと推測されます。

❖ 個別の指導計画例　　*前期の計画，評価は前期終了時に記入する。

個別の指導計画			
氏名	S	学校	S中学校　　1年〇組

年間指導目標（長期目標）
❶授業中のルールに沿って行動することができる。
❷自分の学級での役割を忘れずに行うことができる。

	短期目標	具体的な手立てと支援	評価
通常の学級	❶授業中のルールに沿っているかどうかに気づくことができる。 ❷当番や係活動を忘れずに取り組むことができる。	・授業中に守るべきルールを一覧表にして，必要な際にいつでも参照できるようにする。 ・毎日，タブレット端末に記入した予定表を参照できるようにする。また，確認するように個別に言葉かけを行う。	
家庭	❶特別な場で取り組んだ課題シートを，保護者に説明することができる。	・持ち帰った課題シートの内容について，保護者に説明させる。そして，その感想を本人に伝えるようにする。	
特別の場	❶課題の動画を見て，場面の状況を言語化することができる。 ❷自分の予定を記録するやり方を身につけることができる。	・短い動画を見て，課題シートに「場面の読み取り」，「場面の説明」，「自分のとるべき行動」について書かせる。必要に応じて，その場でロールプレイを行う。 ・タブレット端末を用意し，本人と相談しながらメモの取り方を工夫する。	見たものから推理・思考する力の強さを生かし，短期記憶の弱さを補います。

❖ 合理的配慮の検討

【合理的配慮の観点】

〈教育内容〉 ☑学習上又は生活上の困難を改善・克服するための配慮
　　　　　　 ☐学習内容の変更・調整

〈教育方法〉 ☑情報・コミュニケーション及び教材の配慮
　　　　　　 ☑学習機会や体験の確保
　　　　　　 ☑心理面・健康面の配慮

【合理的配慮の内容（必要な物品等）】

◇タブレット端末で，自分の予定を
メモし，必要な時にリマインドで
きるようにする。

（①・②・④・⑤・⑥）

【背景となる認知特性等】

①言語で表現することや言葉を使っ
　て推理する力が強い。
②見たものから推理する力が強い。
③言語による習得知識が強い。
④聴覚的ワーキングメモリーの弱さ
　がある。
⑤注意・集中に弱さがある。
⑥衝動性の高さがある（検査時の様
　子から）。

❖ 教材例

◆「これってど〜なの？？」

　担当教員で，課題となる場面をロールプレイした
短い動画を作成しておき，それをSさんと見ます。
①場面の説明，②「気になる」行動の選択，③「気
になる」理由の説明，④自分の解決策を考える，の
4ステップで場面理解を深めます。タブレット端末
でワークシートに入力する形式で取り組みます。

これってど〜なの？？

名前（　　　）

■〈問題1〉動画を見て，これは何の場面か書いてみましょう。

　　　　　　　　　　　　　　　　　　　　場面

■〈問題2〉この動画で，主人公のすやたかさんの「気になる」行動はどれですか？

　すやたかさんが　　　　　　　　　　したこと。

■〈問題3〉なぜ，その行動が「気になる」のか，理由を書いてみましょう。

　　　　　　　　　　　　　　　　　　　だから。

■〈問題4〉では，この場面で，Sさんならどういう行動をしますか？

【取り組んだ感想】　　　　　【家庭から】

何をするにも自信がもてず，行動に時間がかかってしまう子

Tさんは，物事をマイナスに捉えがちな中学校1年生の男の子です。Tさんには，仲のよい友達もいますが，先生の指示を聞いて，周りのペースに合わせて行動することが苦手です。お母さんはそんなTさんの様子を心配しています。そんなTさんへの支援方針を検討してみましょう。

❖ 主訴

◆本　　人：みんなは指示に合わせて素早く行動できているのに，自分はそれができなくて困っている。

◆保護者：行動がマイペースでゆっくりなことが心配。

◆担　　任：学級の他の生徒とペースを合わせて行動できるとよいと思う。

❖ 実態把握

父，母，姉，本人の4人暮らしです。お父さんは本人のマイペースなところや，パソコンを触ることが好きなところも自分と似ていて，楽しく関わっています。お母さんは，何かとTさんのことが心配で，気になったことがあると，あれこれと口うるさく言ってしまいます。特に，毎朝乗車するバスの時間にぎりぎりになってしまうことが気になっています。お姉さんは，年が離れており，Tさんのことをとてもかわいがってくれています。

〈生育歴〉

2956g で出生，首の座り0：4，始歩1：1，初語1：3「まんま」。

人見知りや後追いはありました。3年保育の幼稚園に通っていました。友達と遊ぶことは嫌いではありませんでしたが，どちらかというと，一人で絵本を読んだり，ブロック遊びをしたりしていることが多かったです。

Ｔさんが通う学校は，小規模校（6学級，知1，情1）です。担任は若手の先生です。Ｔさんが自信なさそうに過ごしていたり，周りのペースから取り残されてしまったりすることが気になっており，何とかしたいと考えています。担任が個別に話を聞くと，Ｔさんが自分の興味のある話を楽しそうにしてくれるので，その点は安心しています。学級は23名で，Ｔさんのことをよく理解して，温かく見守ってくれています。

　学習面では，社会科が好きで，特に歴史が大好きです。歴史を題材にしたゲームやマンガから覚えた知識はとても豊富です。

　国語では，文章を音読することには困難さはみられませんが，読解問題が苦手です。漢字を書く際には，整った字を書くことができていますが，先生から指示されても，書き始めるまでに時間がかかってしまいます。その他に，自分の考えや気持ちをまとめたり，発表したりすることに苦手意識があります。

　数学では，基本的な四則計算はできていますが，問題の意味を捉えることが難しく，文章問題が苦手です。

　手先は器用で，美術の造形や技術の木工作業が好きです。作品の完成まで粘り強く取り組むことができます。少年野球をやっていることもあり，球技が好きです。

　友達関係は良好で，特定の仲のよい友達もいます。ただ，会話の様子を見ていると，時折ついていけていないと見受けられることもあります。

　家では，朝の身支度にとても時間がかかり，いつもスクールバスに遅れそうになっていて，母親が次々と「○○しなさい。」とＴさんを急かしている毎日です。

　本人は，パソコンのパーツを組み立てるのが好きで，お父さんと電気屋さんに一緒に行くことをとても楽しみにしています。

❖ アセスメントの結果

〈WISC-Ⅳの結果〉

全検査 IQ と指標得点は下記の通りです（WISC-Ⅳのプロフィール分析の
ステップ1〜5）。

	合成得点（90%信頼区分）	記述分類
全検査 IQ（FSIQ）	90（85-96）	平均の下から平均
言語理解指標（VCI）	84（79-93）	低いから平均
知覚推理指標（PRI）	109（101-115）	平均から平均の上
ワーキングメモリー指標（WMI）	97（91-104）	平均
処理速度指標（PSI）	81（76-91）	低いから平均

◆指標得点間の差（WISC-Ⅳのプロフィール分析のステップ6）からわかること

知覚推理指標は，言語理解指標及び処理速度指標に比べ有意に高く，また
その差はまれです。また，ワーキングメモリー指標と比べて有意に高いです。
このことから，**非言語による推理力，思考力**，空間認知，視覚−運動協応の
いずれかが個人内でとても強いと考えられます。

言語理解指標及び処理速度指標は，知覚推理指標に比べ有意に低く，その
差はまれです。このことから，**言語概念形成**，言語による推理力，思考力，
視覚刺激を速く正確に処理する力，視覚的短期記憶のいずれかが個人内でと
ても弱いと考えられます。

◆下位検査（WISC-Ⅳのプロフィール分析の7以降）からわかること

全般的に，課題に取り組む際には，一つひとつ確認しながら取り組んでい
ました。「どうかなぁ。合っているかなぁ」とつぶやく様子も見られました。

また，質問に対して言葉で説明する課題において，自分の日常生活の場面
を例にあげて話したり，重要ではない情報をつけ加えて話したりなど，冗長
に説明する様子が見られました。

〈その他の検査〉 特にありません。

❖ アセスメントの総合解釈

〈検査結果から得られた認知特性等の仮説〉

　全般的知的水準は,「平均の下から平均」の範囲にあり,知的な遅れはないと推察されるものの,解釈は慎重に行う必要があります。

　認知過程の特性としては,以下のことがあげられます。

　①見たものから推理する力が強い。

　②空間認知の強さがある。

　③視覚－運動協応の強さがある。

　④言語で表現することや言葉を使って推理する力が弱い。

　⑤不安が強い（検査中の様子から）。

〈実態とその背景となる認知特性等との関連〉

　歴史のゲームやマンガが好きで,知識を獲得できていることは,①見たものから推理する力が強いことが関連していると推測されます。

　造形作業や木工作業が好きなことは,②空間認知の強さや,③視覚－運動協応の強さによるものと推測されます。

　読解問題や文章題が苦手なことは,④言語で表現することや言葉を使って推理する力が弱いことに関連していると推測されます。

　自分の考えや気持ちをまとめること及び発表することに苦手意識があるのは,④言語で表現することや言葉を使って推理する力が弱いこと及び⑤不安が強いことに関係していると推測されます。

❖ **個別の指導計画例** ＊前期の計画，評価は前期終了時に記入する。

個別の指導計画				
氏名	T	学校	T中学校　1年○組	

年間指導目標（長期目標）

❶決められた時間内に行動を完了することができる。

❷自分の考えや意見をまとめて発表することができる。

	短期目標	具体的な手立てと支援	評価
通常の学級	❶指定した部分の板書を授業時間内に書き終えることができる。 ❷自分の考えや意見を発表することができる。	・あらかじめ板書をする箇所を指定しておき，本人に伝えておくようにする。 ・事前に自分の考えや意見を発表する場面があることを予告しておき，特別な場で考えておけるようにする。	知覚推理の強さを生かし、視覚的な手がかりを用いる工夫をします。また、家庭と連携しながら、取り組みやすい形式を模索していきます。
家庭	❶作成した朝準備カードを活用し，身支度することができる。	・支援ツール「朝の準備マニュアル」の活用。 ・時間内に準備ができた際には即時ほめるようにする。	
特別の場	❶行動しやすい順番を考え，実践することができる。 ❷自分の考えを整理するやり方を身につけることができる。	・朝起きてから家を出るまでの行動を細分化し，本人と取り組みやすい順番を相談しながら決める。 ・パソコンを用いて「朝の準備マニュアル」を作成させる。 ・教師が説明して本人が答え，メモの形で残す。それを並び替えてつなげ，文章にまとめるようにする。	

❖ 合理的配慮の検討

【合理的配慮の観点】

〈教育内容〉　☑学習上又は生活上の困難を改善・克服するための配慮

　　　　　　　□学習内容の変更・調整

〈教育方法〉　☑情報・コミュニケーション及び教材の配慮

　　　　　　　☑学習機会や体験の確保

　　　　　　　☑心理面・健康面の配慮

【合理的配慮の内容（必要な物品等）】

◇「朝の準備マニュアル」を作成し，それを朝の支度の際に活用する。

（①・③・④）

【背景となる認知特性等】

①見たものから推理する力が強い。

②空間認知の強さがある。

③視覚－運動協応の強さがある。

④言語で表現することや言葉を使って推理する力が弱い。

⑤不安が強い（検査中の様子から）。

❖ 教材例

◆「朝の準備マニュアル」

　朝起きてから家を出るまでの流れを，1枚のカードにまとめたものです。イラストが入っており，視覚的な手がかりとして利用できます。また，チェック欄があり，どこまで自分が終えたのかについても，随時確認できます。

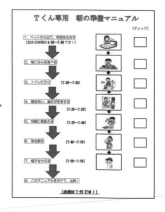

本書の事例で活用した
その他の検査やチェックリストについて

　本書の事例で活用したその他の検査やチェックリストについて，以下の表にまとめています。実際に活用される場合には，それぞれについて，ご自身で調べ，研修を深めたうえでご活用ください。検査によっては，使用者の資格要件があります。出版社 HP をご確認の上，検査実施マニュアル等に従って利用してください。

KABC-Ⅱ　心理・教育アセスメントバッテリー 日本版 KABC-Ⅱ制作委員会（丸善出版株式会社）	〈対象〉 2歳6か月〜18歳11か月
〈内容と特徴〉 カウフマンモデルと CHC モデルから解釈することができる。 カウフマンモデルにおいては，認知尺度（継次・同時・計画・学習）と習得尺度（語彙・読み・書き・算数）の大きく分けて二つの尺度から解釈を進める。 CHC モデルにおいては，短期記憶，視覚処理，流動性推理，長期記憶と検索，結晶性能力，読み書き，量的知識を基に解釈を進める。 学習に直結した内容になっているため，指導の参考にしやすい。	

LCSA　学齢版言語・コミュニケーション発達スケール 大伴潔，林安紀子，橋本創一，池田一成，菅野敦（学苑社）	〈対象〉 小学校1年生〜4年生
〈内容と特徴〉 知的な遅れがないと想定される子どもの言語スキルの特徴を明らかにする。言語のどのような側面に困難さがあるかを検討する。 下位検査は，Ⅰ口頭指示の理解，Ⅱ聞き取りによる文脈の理解，Ⅲ音読，Ⅳ文章の読解，Ⅴ語彙知識，Ⅵ慣用句・心的語彙，Ⅶ文表現，Ⅷ対人文脈，Ⅸ柔軟性，Ⅹ音韻意識で構成され，LCSA 指数とリテラシー指数が算出される。	

DTVP　フロスティッグ視知覚発達検査 飯鉢和子，鈴木陽子，茂木茂八（日本文化科学社）	〈対象〉 4歳0か月〜7歳11か月
〈内容と特徴〉 Ⅰ視覚と運動の協応，Ⅱ図形と素地，Ⅲ形の恒常性，Ⅳ空間における位置，Ⅴ空間関係で構成され，それらを総合した知覚指数（PQ）が算出される。簡便で，集団実施も可能である。	

森田 - 愛媛式読み書き検査	〈対象〉
愛媛 LD 研究会	小学校 2 年生～6 年生

〈内容と特徴〉

聴写，視写，聞き取り，読み取りの四つの検査から構成されている。聴覚的情報処理と視覚的情報処理の差を評価したり，単純な書写と意味理解の差を評価したりする。また，どのような誤りが生じているかを質的に分析することも有用である。集団実施も可能である。

URAWSS Ⅱ	〈対象〉
河野俊寛，平林ルミ，中邑賢龍（株式会社 atacLab）	小学校～中学生

〈内容と特徴〉

読み書き速度を評価する。URAWSS Ⅱになり，対象が中学生まで拡大された。結果を基に，デジタルカメラやスマートフォンなどのテクノロジーを活用した支援を示唆する。介入課題を実施することで，介入効果を検討できる。

URAWSS-English	〈対象〉
村田美和，平林ルミ，河野俊寛，中邑賢龍（株式会社 atacLab）	中学生

〈内容と特徴〉

中学生における英単語の習得度を評価する。英単語の読みと綴りの習得度を評価し，効果的な支援方法の手がかりを得る。集団実施も可能である。

特異的発達障害 診断・治療のための実践ガイドライン	〈対象〉
稲垣真澄（診断と治療社）	小学校 1 年生～6 年生

〈内容と特徴〉

特異的読字障害と特異的算数障害の判断に活用できる。読み検査は，単音連続読み，有意味単語速読，無意味単語速読，単文音読で構成されており，読みの流暢性を評価する。算数検査は，数字の読み，数的事実の知識，筆算手続きの知識で構成されている。

新訂版ことばのテストえほん 言語障害児の選別検査法	〈対象〉
田口恒夫，小川口宏（日本文化科学社）	言語に課題のある幼児～小学校低学年

〈内容と特徴〉

ことばの教室で活用されることが多い。主に入学したての小学校 1 年生または幼稚園児の中から，言語に課題のある子どもを対象としている。テスト 1 ことばの理解，テスト 2 嘱語理解，テスト 3 発音，テスト 4 自由表現で構成されている。

LD-SKAIP	〈対象〉
一般社団法人日本 LD 学会	小学校 1 年生〜6 年生

〈内容と特徴〉

質問項目による査定（チェックリスト）のステップⅠ，子どもへの直接検査のステップⅡ・Ⅲで構成される学力を測定するためのツールである。主に iPad を活用して実施する。ステップⅠでは，話しことばの理解（音声言語理解），文字・音の変換（音韻意識・コーディング），ことばによる表現力（言語表現），手先の動き・書く作業（微細運動・書字），形・数・量の理解（視覚認知・数量概念），基本的な目の動き（視機能）が測定される。ステップⅠは，無料でダウンロードしてすぐに活用できる。しかし，ステップⅡ・Ⅲにおいては，所定の資格が必要かつ研修会を受講しなければならない。

ソーシャルスキル尺度	〈対象〉
上野一彦，岡田智『ソーシャルスキルマニュアル』（明治図書）	小学校 1 年生〜6 年生

〈内容と特徴〉

保護者や教員が行うチェックリストである。集団行動，セルフコントロールスキル，仲間関係スキル，コミュニケーションスキルで構成されている。誰がいつ評価するかも重要な要素となる。

ADHD-RS	〈対象〉
市川宏伸，田中康雄（明石書店）	5 歳〜18 歳

〈内容と特徴〉

DSM-Ⅳに記載されている ADHD の診断基準に基づく行動質問票（家庭版，学校版）である。保護者や学校の先生からの解答を基に評価する。多動性・衝動性，不注意いずれが高いか（あるいは両方とも高いか）が判断できる。

PARS-TR **親面接式自閉スペクトラム症評定尺度テキスト改訂版** 一般社団法人発達障害支援のための評価研究会（金子書房）	〈対象〉 3 歳〜成人

〈内容と特徴〉

対象者の行動特徴を自閉スペクトラム症の発達や行動症状，症状に影響する環境要因の観点から把握する。主たる養育者（多くの場合は，母親）との半構造化面接により実施する。短時間で実施でき，活用しやすい。幼児期ピーク得点，現在の得点が算出され，PDD の可能性が判断できる。

購入者特典について

特典資料

本書の特典資料は，右の QR コード，または下記 URL より無料で
ダウンロードできます。

URL https://meijitosho.co.jp/269521#supportinfo
ユーザー名 269521
パスワード yukainanakama

〈収録内容〉　ワークシート①「個別の指導計画」
　　　　　　　ワークシート②「合理的配慮の検討」
　　　　　　　付録①「実態把握シート」
　　　　　　　付録②「検査結果メモ」

動画資料

本書の特典動画は，下の QR コード，または下記 URL より無料で
閲覧できます。

動画資料①　「この本について」
https://www.meijitosho.co.jp/redirect/269521/1

動画資料②　「合理的配慮の話し合い例」
https://www.meijitosho.co.jp/redirect/269521/2

動画資料③　「補助教材」
https://www.meijitosho.co.jp/redirect/269521/3

参考資料

室橋春光（2016）：土曜教室活動の意義．北海道大学大学院教育学研究院紀要 124 93-105.

飯鉢和子，鈴木陽子，茂木茂八（1977）：DTVP フロスティッグ視知覚発達検査．日本文化科学社．

稲垣真澄，特異的発達障害の臨床診断と治療指針作成に関する研究チーム（2010）：特異的発達障害診断・治療のための実践ガイドライン．診断と治療社．

一般社団法人日本 LD 学会（2017）：LD-SKAIP 学校で使う LD の判断と指導のためのスクリーニングキット．

一般財団法人特別支援教育士資格認定協会（2018）：特別支援教育の理論と実践 I 一概論・アセスメント一．金剛出版．

一般財団法人特別支援教育士資格認定協会（2018）：特別支援教育の理論と実践 II 一指導一．金剛出版．

一般財団法人特別支援教育士資格認定協会（2018）：特別支援教育の理論と実践 III 一特別支援教育士（S.E.N.S）の役割・実習一．金剛出版．

Kaufman, A. S. & Kaufman, N. L.（2004）：Kaufman assessment battery for children. 2nd ed. Pearson. 日本版 KABC-II 刊行委員会訳（2013）：日本版 KABC-II マニュアル．丸善出版．

河野俊寛，平林ルミ，中邑賢龍（2017）：小中学生の読み書きの理解 URAWSS-II．atacLab.

村田美和，平林ルミ，河野俊寛，中邑賢龍（2017）：中学生の英単語の読み書きの理解 URAWSS-English．atacLab.

大伴潔，林安紀子，橋本創一他（2012）：LCSA 学齢版言語・コミュニケーション発達スケール．学苑社．

田口恒夫，小川口宏（1987）：新訂版ことばのテストえほん．日本文化科学社．

上野一彦，岡田智（2006）：特別支援教育実践ソーシャルスキルマニュアル．明治図書．

Wechsler, D., 日本版 WISC-IV 刊行委員会（2010）：日本版 WISC-IV 理論・解釈マニュアル．日本文化科学社．

おわりに

　S.E.N.S の会北海道支部会では，例年夏休みを利用し，一つの事例を中心に事例検討会を行っております。これは，一般財団法人特別支援教育士資格認定協会で行われている S.E.N.S の取得のためのセミナー「指導実習」になぞらえたものですが，スタッフもともに，子どものことについて議論を行います。これまで10年以上開催し，延べ人数200名以上の参加者がいます。いわゆるリピーターも多く，「これを受けないと夏が来ない。」と言う方もいます。本書は，その研修を書籍のかたちにできないかと支部会事務局員（ボスとゆかいな仲間たち）で検討した結果をまとめたものです。事例について深めるうちに，"自分事" として事例を捉え，"なぜ？" が生まれてくると，研修としては大成功です。ぜひ，各地域でも本書を活用して研修していただき，次は自分たちの目の前にいる子どもについて，事例検討してみてください。

　最後に，企画の段階から携わってくださった明治図書編集者の佐藤智恵様に心より感謝申し上げます。

著者を代表して　山下　公司

ボスとゆかいな仲間たち

【執筆者紹介】 ＊執筆順

山下　公司　　札幌市立南月寒小学校　まなびの教室　教諭
　　　　　　　S.E.N.S-SV　〈第1章，第2章事例3・6・7・12〉

桂野　文良　　小樽市立稲穂小学校　通級指導教室　教諭
　　　　　　　S.E.N.S-SV　〈第2章事例1・2・10・11〉

村井めぐみ　　札幌市立幌北小学校　ことばの教室　教諭
　　　　　　　S.E.N.S-SV　〈第2章事例4・8〉

山田　明夏　　札幌市立北辰中学校　学びの教室　教諭
　　　　　　　S.E.N.S-SV　〈第2章事例5・9・17〉

豊田　佳澄　　妹背牛町立妹背牛中学校　通級指導教室　教諭
　　　　　　　S.E.N.S　〈第2章事例13〉

田近　健太　　札幌市立平岸中学校のぞみ分校　教諭
　　　　　　　S.E.N.S-SV　〈第2章事例13・14〉

川合　理恵　　札幌市立信濃中学校　学びの教室　教諭
　　　　　　　S.E.N.S　〈第2章事例13・15〉

米内山康嵩　　千歳市教育委員会　学校教育課　主査
　　　　　　　S.E.N.S-SV　〈第2章事例13・19・20〉

佐藤　史人　　札幌市立中央中学校　学びの教室　教諭
　　　　　　　S.E.N.S　〈第2章事例16〉

吉野さやか　　泊村立泊中学校　特別支援学級　教諭
　　　　　　　S.E.N.S　〈第2章事例18〉

（S.E.N.S の会北海道支部会事務局）

【監修者紹介】

室橋　春光（むろはし　はるみつ）

北海道大学　名誉教授

S.E.N.S の会北海道支部会　会長

S.E.N.S-SV

【編著者紹介】

山下　公司（やました　こおじ）

札幌市立南月寒小学校　まなびの教室　教諭

〔本文イラスト〕村井めぐみ

特別支援教育サポートBOOKS

発達障害のある子を読み解く
ワークショップ型事例研究
「アセスメント」研修のための課題20

2023年2月初版第1刷刊 ©監修者	室	橋	春	光
編著者	山	下	公	司
発行者	藤	原	光	政

発行所　明治図書出版株式会社

http://www.meijitosho.co.jp

（企画）佐藤智恵（校正）nojico

〒114-0023　東京都北区滝野川7-46-3
振替00160-5-151318　電話03(5907)6703
ご注文窓口　電話03(5907)6668

＊検印省略　　　組版所　長野印刷商工株式会社

Printed in Japan　　ISBN978-4-18-269521-6

もれなくクーポンがもらえる！読者アンケートはこちらから